SEKUNDARSTUFE I + II

BENJAMIN WENDEL / TOBIAS PROBST

Trendsport zum sofort Loslegen

Tchoukball und Ultimate Frisbee

FERTIGE UNTERRICHTSREIHEN
AB KLASSE 5

Cornelsen

Die Autoren

Benjamin Wendel unterrichtet die Fächer Sport und Englisch am Gymnasium Collegium Josephinum in Bonn. Sein Studium in Englisch, Sport und im Förderschwerpunkt körperlich-motorische Entwicklung absolvierte er an der Universität zu Köln und an der Deutschen Sporthochschule Köln.

Tobias Probst unterrichtet Sport und Geschichte am Gymnasium Collegium Josephinum Bonn. Er studierte Sport und Geschichte an der Deutschen Sporthochschule Köln und an der Universität zu Köln.

Projektleitung: Juliane Maaß, Berlin
Redaktion: Stefan Giertzsch, Werder (Havel)
Fotos: Tobias Probst (S. 10, 18, 35) und Benjamin Wendel (S. 48, 53)
Schattenriss (ausgebreitete Arme): Shutterstock.com/lalilele13 (S. 3–71);
Schattenriss (Tchoukball): Shutterstock.com/Michal Sanca (S. 5–38);
Schattenriss (Ultimate Frisbee): Shutterstock.com/Vladimir Sviracevic (S. 5, S. 39–71)
Umschlagkonzept/-gestaltung: Ungermeyer, Berlin
Umschlagfotos: U1 oben (Handstand, graues Shirt): Shutterstock.com/Jelena Aloskina
U1 Mitte (Mädchen mit Mütze): Shutterstock.com/doodko
U1 unten (Fußballer): Shutterstock.com/Africa Studio
U4 unten (Handstand, rotes Shirt): Shutterstock.com/Billion Photos
U4 oben (Junge mit kariertem Hemd): Shutterstock.com/Jacek Chabraszewski
Layout/technische Umsetzung: fotosatz griesheim GmbH, Griesheim

www.cornelsen.de

1. Auflage, 3. Druck 2022

Druck: Esser printSolutions GmbH, Bretten

ISBN 978-3-589-16531-5

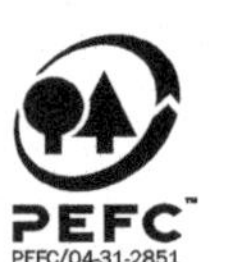

Inhalt

Vorwort 4

Kapitel 1: Trendsport Tchoukball im Sportunterricht 6
- Was ist Tchoukball? 6
- Warum eignet es sich für den Schulsport? 6
- Aufbau des Unterrichtsvorhabens 7
- Warum sollte Tchoukball induktiv vermittelt und nicht einfach deduktiv die Regeln vollständig bekanntgegeben werden? 7

Kapitel 2: Tchoukball unterrichten 8
- Die Unterrichtsreihe im Überblick 8
- 1. Doppelstunde: „Tchoukball – Was ist das denn?“ 8
- 2. Doppelstunde: „Wir üben unser Handwerkszeug!“ 16
- 3. Doppelstunde: „Wir spielen mit Köpfchen!“ 22
- 4. Doppelstunde: „Nur zusammen punkten wir!“ 28
- 5. Doppelstunde: „Die Offensive gewinnt Spiele, die Defensive den Tchoukball-Cup!“ 33
- 6. Doppelstunde: „Tchoukball-Cup“ 36

Kapitel 3: Trendsport Ultimate Frisbee im Sportunterricht 39
- Was ist Ultimate Frisbee? 39
- Warum eignet es sich für den Schulsport? 39
- Aufbau des Unterrichtsvorhabens 40

Kapitel 4: Ultimate Frisbee unterrichten 41
- Die Unterrichtsreihe im Überblick 41
- 1. Doppelstunde: Ultimate – Spirit of the Game: Grundregeln und Basistechniken 41
- 2. Doppelstunde: Erlernen des Zielspiels 49
- 3. Doppelstunde: Offense – Individual- und Teamtaktik 55
- 4. Doppelstunde: Defense – Individual und Teamtaktik 60
- 5. Doppelstunde: Abnahme der Techniken und Einüben der Taktiken 65
- 6. Doppelstunde: Abschlussturnier zur Leistungsmessung 69

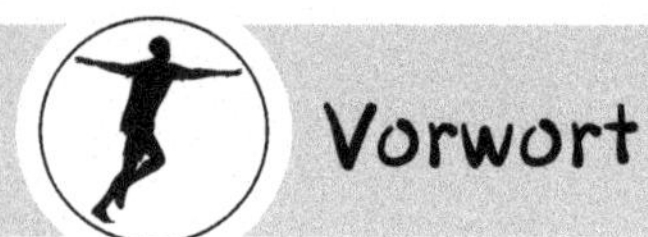

Vorwort und Hinweise zu diesem Buch

Trendsportarten sind neu aufgekommene Sportarten, die nicht zum traditionellen Sport wie Fußball, Gerätturnen, Leichtathletik, Schwimmen etc. gehören. Sie haben einen starken Aktualitätsbezug und wandeln sich entsprechend schnell. Dazu zählen z. B.

- Fitness-Sportarten (BallKoRobics®, Salsa-Aerobic, Bodystyling),
- meditative Bewegungskulturen (Yoga, Tai Chi, Pilates),
- Gleichgewichtssportarten (Parkour),
- Teamsportarten (Futsal, Ultimate Frisbee, Flag-Football, Streetball),
- expressive Sportarten (Akrobatik, Jonglieren, Streetdance/Hip Hop).

Wie verhält es sich mit aktuellen Trendsportarten im Sportunterricht? Mit dieser Frage setzen sich seit einigen Jahren Sportwissenschaftler, Sportdidaktiker und Sportlehrkräfte auseinander. Nicht immer besteht Einigkeit darüber, ob und wie aktuelle Trends in den Schulsport integriert werden sollen bzw. können. Einig ist man aber in der Einschätzung, dass eine starke **Faszination** von den Trendsportarten ausgeht. Jugendliche wollen z. B. neue Sportarten ausprobieren, die sie auf einem Videoportal im Internet gesehen haben. Diese **Motivation** sollte nicht ungenutzt bleiben!
Aber wie können Sie als Sportlehrkraft eine Trendsportart aufgreifen, wenn Sie die jeweilige Sportart selbst nicht erlernt haben? Die gute Nachricht: Das ist gar keine notwendige Voraussetzung! Sie müssen kein Experte für die Sportart sein, sondern **dürfen gemeinsam mit den Schülerinnen und Schülern lernen.** Lassen Sie sich von ihnen inspirieren. Dies ist der erste Schritt, um sich mit einer Trendsportart vertraut zu machen.
Der zweite Schritt liegt in Ihrer Aufgabe als Lehrperson, Sport so umzusetzen, dass dies innerhalb der Rahmenvorgaben des Schulsports möglich ist. Wir möchten Sie mit dieser Heftreihe dabei unterstützen, moderne Sportarten sicher und ohne großen Vorbereitungsaufwand im Schulsport verwirklichen zu können.

Dieses Werk versteht sich als direkte und schnelle Hilfe für Lehrpersonen, die **Tchoukball** und **Ultimate Frisbee** unterrichten möchten. Die einzelnen Unterrichtseinheiten (á 90 Minuten) werden jeweils mit einer Tabelle eingeleitet, die eine schnelle Übersicht über Ziel, zu verwendendes Material, notwendige Vorbereitung, Sozialform und Kompetenzbereiche der Unterrichtseinheit gibt. Die Unterrichtseinheiten sind mit Aufwärm-, Erarbeitungs-, Erprobungs- und wiederkehrenden Reflexionsphasen zumeist ähnlich aufgebaut, da die Kompetenzanbahnung durch den wiederkehrenden Kreislauf des Spielens und Reflektierens erfolgt.
Die Beschreibungen der Unterrichtseinheiten beinhalten auch die Angabe der zeitlichen Dauer der Phasen, Hinweise zur Differenzierung, Möglichkeiten zum Einbinden von nicht aktiv teilnehmenden Schülern und Alternativen im Unterrichtsverlauf, um die Unterrichtseinheiten passgenau in Ihre Unterrichtspraxis zu übernehmen. Darüber hinaus werden im Einklang mit den meisten aktuellen Lehrplänen Hinweise für eine zunehmend selbstständige Schülermitgestaltung des Unterrichts und für die Übernahme von Verantwortung durch die Schüler aufgezeigt. Abschließend werden in beiden Unterrichtsvorhaben Wege zur Leistungsbewertung angeboten. Die Kopiervorlagen finden Sie jeweils nach den Beschreibungen der Unterrichtseinheiten.

Viel Spaß mit Tchoukball und Ultimate Frisbee im Unterricht!
Benjamin Wendel und Tobias Probst

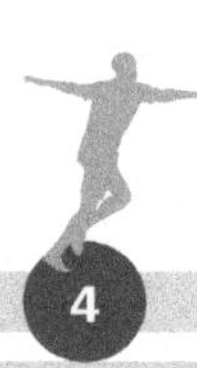

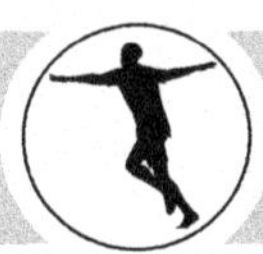

Hinweise zur Nutzung des Buches

Es sind selbstverständlich stets beide Geschlechter gemeint, auch wenn nur eine Form verwendet wird.

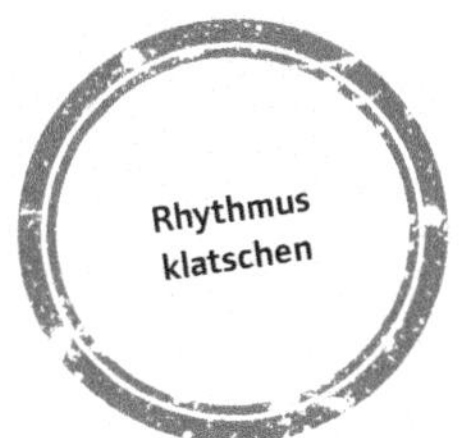

Hier finden Sie Aufgaben für Schülerinnen und Schüler, die ihre Sportsachen vergessen haben oder aus anderen Gründen die Übungen nicht mitmachen können.

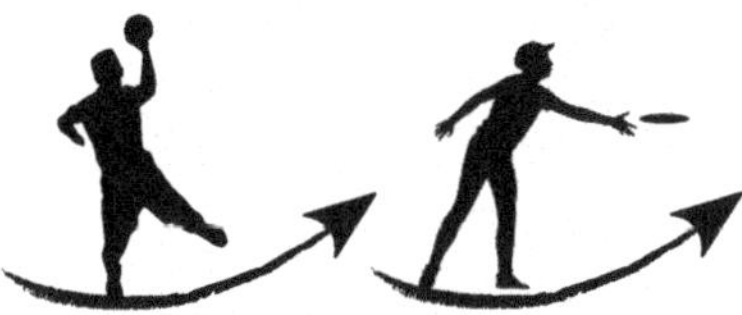

Hier finden Sie Angebote zur Differenzierung.

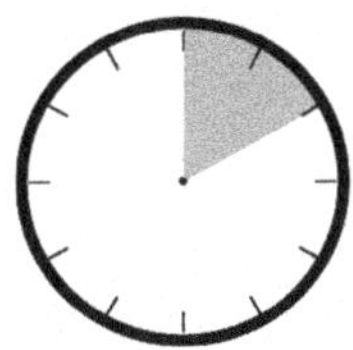

Für jede Unterrichtsphase ist eine ungefähre Dauer angegeben, damit Sie besser planen können.

Was ist Tchoukball?

Um sich der Sportart Tchoukball anzunähern, ist eine Betrachtung des Namens hilfreich. *Tchouk* stellt das Geräusch dar, das ein mit Netz bespannter Rahmen macht, wenn der Spielball darauf trifft[1]. Tchoukball ist demnach ein Spiel, das zwei Mannschaften mit einem Ball auf zwei mit Netz bespannte Rahmen spielen. Punkte werden erzielt, indem der Ball von einem der beiden Rahmen abprallt und außerhalb einer halbkreisförmigen Markierung den Boden des Spielfeldes berührt. Eine Besonderheit beim Tchoukball ist, dass die ballbesitzende Mannschaft in ihrer Spielhandlung nicht behindert werden darf, sondern die verteidigende Mannschaft durch aktives aus-dem-Weg-Gehen die Passwege freigeben muss und erst nach einer Netzberührung des Balles eingreifen darf. Dabei sind Dribblings nicht gestattet, stattdessen kommt es auf ein funktionierendes Zusammenspiel an. Tchoukball weist eine bestimmte Charakteristik auf, die es von anderen, bekannten Mannschaftsspielen unterscheidet. Es gibt nicht nur eine Spielrichtung, sondern die Spieler können auf beide Rahmen werfen, um Punkte zu erzielen.

Warum eignet es sich für den Schulsport?

Tchoukball eignet sich in besonderem Maße für eine Thematisierung im Sportunterricht aus gleich mehreren Gründen. Zum einen bringen Schüler im Regelfall keine bis wenige Vorerfahrungen mit, sodass auf einem sehr homogenen Leistungsniveau gearbeitet werden kann. Die grundlegenden Anforderungen von Tchoukball, wie Laufen, Werfen, Fangen, taktisches Verständnis, werden auch durch andere Spiele und Sportarten geschult, sodass eine Frustration durch Überforderung ausbleibt. Vielmehr werden Transfermöglichkeiten von anderen Mannschaftssportarten und das Spielen in leistungsheterogenen Klassen ermöglicht. Sollte sich wider Erwarten ein sehr guter Tchoukballspieler in der Lerngruppe befinden, kann dieser selbstverständlich als Experte und zum Lernen am Modell eingesetzt werden.

Darüber hinaus ermöglicht das Ausbleiben von Körperkontakt und jeder Härte, durch das aktive aus-dem-Weg-Gehen, auch weniger mannschaftssportaffinen Schülern einen positiven und gewinnbringenden Einblick in eine Mannschaftssportart. Fair Play und Respekt sind im *Non-Aggressive-Game*[2] Tchoukball entscheidende Komponenten, die es ermöglichen, mithilfe des Spiels den Erziehungsauftrag des Schulsports aktiv wahrzunehmen. Während in Sportarten wie Fußball oder Basketball einzelne herausragende Spieler das Spiel für eine Mannschaft entscheiden können, sind beim Tchoukball einzelne Spieler nicht erfolgreich, sondern es benötigt eine kluge, taktische Mannschaftsleistung, um im Tchoukball erfolgreich zu sein. Die Schüler sind aufeinander angewiesen und werden zu einer konstruktiven Zusammenarbeit in Gruppen motiviert. Dementsprechend bietet Tchoukball erzieherische Möglichkeiten, da soziales Miteinander, Teamgeist und Fairness geschult werden[3].

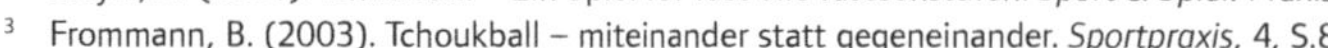

[1] Greber, C., Buschbeck, D. & Keim, V. (2005). Tchoukball. *Mobile Praxis – Fachzeitschrift für Sport*, 4, S.1
[2] Meyer, A. (2011). Tchoukball – Ein Spiel für fast alle Klassenstufen. *Sport & Spiel: Praxis in Bewegung*, 42, S.30
[3] Frommann, B. (2003). Tchoukball – miteinander statt gegeneinander. *Sportpraxis*, 4, S.8

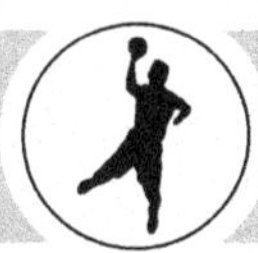

Aufbau und Vorgehen des Unterrichtsvorhabens

Das Unterrichtsvorhaben verfolgt eine spielnahe und motivierende Vermittlung der Lerninhalte, um den Schülern das Mannschaftsspiel freudvoll und gewinnbringend nahezubringen. Das Zielspiel wird unter Beteiligung der Schüler an der Regelentwicklung schnell eingeführt und gespielt. Während des Unterrichtsvorhabens liegt der Fokus auf der spielerischen Verbesserung der sportspielspezifischen Handlungskompetenz, statt auf einer übungsbasierten Verbesserung der technischen Fertigkeiten. Dementsprechend werden in Reflexionsphasen während und am Ende der Stunden Schwierigkeiten und Probleme des Spielgeschehens analysiert und Lösungen dazu erarbeitet. Die Lösungen werden daraufhin erprobt und auf ihre Sinnhaftigkeit überprüft. Somit werden das Spielniveau und die sportspielspezifische Handlungskompetenz der Schüler motivierend, bewegungsintensiv und mit einer hohen Schülerorientierung in einem fortlaufenden Spielprozess erweitert.

Warum sollte Tchoukball induktiv vermittelt und nicht einfach deduktiv die Regeln vollständig bekanntgegeben werden?

Vorzüge des genetischen Lehrens und Lernens (Spielvermittlung unter Einbeziehung der Schüler) sind in der gängigen wissenschaftlichen Literatur zu finden. Aus meiner persönlichen Erfahrung kann ich sagen, dass das schülerorientierte Vorgehen unter Einbeziehung der Schüler zum einen zu einer tieferen Verinnerlichung der Lerninhalte bei den Schülern führt und zum anderen motivierender wirkt, da den Schülern eine größere Selbstständigkeit und Mitbestimmung am Unterrichtsgeschehen eingeräumt wird. Wichtig ist jedoch, dass am Ende das Zielspiel erreicht wird und nicht ein beliebiges Spiel gespielt wird. Dafür ist die Kompetenz der Lehrperson vor allem in den Reflexionsphasen gefragt.
Das vorliegende Unterrichtsvorhaben zu Tchoukball ist vermehrt auf eine Vermittlung in der Sekundarstufe I ausgerichtet. Jedoch kann das Vorhaben ebenso gut in der gymnasialen Oberstufe unterrichtet werden. In letzterem Fall sollte auf eine tiefgreifende Theoriebehandlung geachtet werden, um ein entsprechendes Leistungsniveau sicherzustellen.

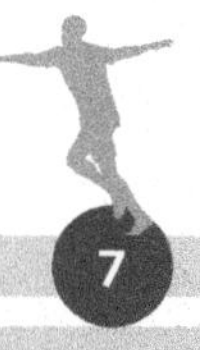

Die Unterrichtsreihe im Überblick

Unterrichtseinheit (je 90 min)	Thema	Material/Kopiervorlagen
1. Doppelstunde	Einführung der Spielidee und Spielen des Zielspiels	▪ KV Regeln ▪ KV Beobachtungsauftrag
2. Doppelstunde	Verbesserung der technischen Fertigkeiten	▪ KV Technikstationen ▪ KV Beobachtungsauftrag
3. Doppelstunde	Erarbeitung von Raumaufteilung und Positionen	▪ KV Arbeitsaufträge Aufstellung ▪ KV Tippkarte Aufstellung ▪ KV Aufgabe für nicht-aktive Schüler ▪ KV Einzeichnen von Taktiken
4. Doppelstunde	Entwicklung von Angriffsmöglichkeiten	▪ KV Arbeitsaufträge Offensivtaktiken ▪ KV Tippkarte Offensivtaktiken ▪ KV Einzeichnen von Taktiken
5. Doppelstunde	Verbesserung des Defensivverhaltens	▪ KV Einzeichnen von Taktiken
6. Doppelstunde	Abschlussturnier und Leistungsbewertung	▪ KV Selbstevaluationsbogen

1. Doppelstunde: „Tchoukball – Was ist das denn?" Induktive und kooperative Einführung in das Mannschaftsspiel Tchoukbal

Ziel/Leitidee:
Kennenlernen der Spielidee und Hinführung zum Sportspiel Tchoukball
Klassenstufe:
Sekundarstufe I + II
Vorbereitung/Material:
Spielfeld aufbauen, zwei Tchoukballrahmen (Alternativen siehe unten), Ball, Leibchen, Zonen (Möglichkeiten siehe unten), KV Regeln, KV Beobachtungsauftrag, optional Tafel/Plakat
Sozialform:
Gruppenarbeit, Reflexionsphasen im Plenum
Kompetenzbereich:
Bewegungs- und Wahrnehmungskompetenz (Erlernen neuer Bewegungsformen und eines neuen Sportspiels), Sozialkompetenz (Kooperation in Gruppen/Teams)

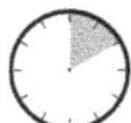

Einführung

- Die Einführung in das Mannschaftsspiel Tchoukball geschieht im Rahmen der ersten Unterrichtseinheit folgendermaßen: Zunächst wird der Begriff geklärt und anhand von Videosequenzen oder Expertenwissen der Schüler die Spielidee hergeleitet. Diese Spielidee, die aus den elementaren Regeln besteht wird in einem Wechsel aus Spiel- und Reflexionsphasen soweit verfeinert, dass am Ende der Doppelstunde das Zielspiel Tchoukball gespielt werden kann.
- Zuerst wird den Schülern das neue Thema bekanntgegeben, woraufhin wahrscheinlich zunächst große Fragezeichen in den Gesichtern der Schüler erscheinen. Trotzdem sollte eine Abfrage des Vorwissens der Schüler erfolgen, da Tchoukball inzwischen u. a. auf Jugendfreizeiten gerne als

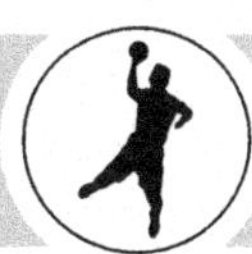

kooperatives Spiel mit hohem Motivationsfaktor zu Teambildungszwecken genutzt wird. Sollten sich Schüler mit Vorerfahrung in der Lerngruppe befinden, können diese sehr gut als Experten in bestimmten Unterrichtsabschnitten eingesetzt werden. Weiterhin ist eine Abfrage, wer im Handballverein spielt, hilfreich, da diese Schüler in den Techniken des Werfens und Fangens über eine hohe Vorerfahrung verfügen und somit ebenfalls in bestimmten Unterrichtsphasen als Experten eingesetzt werden können.

- Um den Schülern den Sport nahezubringen erweist sich ein Einstieg über die Erklärung des Namens Tchoukball als hilfreich (siehe oben: Geräusch „Tchouk"). Die Schüler erfahren somit den Ursprung des Namens der Sportart und erinnern sich auch in Folgestunden leicht an diesen.
- Die Hinleitung zur Erfassung der Spielidee kann entweder durch die Nutzung von Expertenwissen innerhalb der Lerngruppe geschehen oder durch das Vorspielen eines Videos über Tchoukball. Auf den bekannten Videoplattformen im Internet gibt es einige hilfreiche Videos über Tchoukball, die Spielszenen zeigen, um den Schülern die Spielidee nahezubringen. Nach dem Schauen von ein oder zwei geeigneten Videos sollte die Spielidee gemeinsam mit den Schülern hergeleitet werden und im besten Fall auf einem Plakat visualisiert werden, um die Lerninhalte besser zu verinnerlichen und um darauf in späteren Unterrichtsstunden zurückgreifen zu können.
  – Impuls nach dem Vorführen der Videosequenzen: Beschreibt bitte die Spielidee, die ihr in den Videos wahrgenommen habt.
  – Folgende Regeln müssen mit den Schülern erarbeitet werden, um im Anschluss ein Spiel zu spielen:
    · Zwei Mannschaften spielen gegeneinander auf zwei Rahmen (auch genannt Frames), die von jeweils einer Zone umgeben sind.
    · Die Zonen dürfen nicht betreten werden.
    · Ein Punkt ist erzielt, wenn ein Wurf das Netz trifft und der Ball außerhalb der Zone (aber innerhalb des Spielfeldes) auf den Boden kommt.
  – Folgende Spielregeln sollten im Verlauf der Doppelstunde durch die wechselnde Abfolge von Spiel- und Reflexionsphasen erarbeitet werden:
    · Verteidiger versuchen den Ball nach dem Rahmenkontakt abzufangen (nicht bereits beim Wurf).
    · Keine Beeinträchtigung der Angreifer → aktiv weggehen (kein Abfangen von Pässen).
    · Jedes Team kann in beide Spielrichtungen spielen (Spiel auf beide Rahmen).
    · Ball fällt zu Boden → Ballbesitz wechselt (ebenso, wenn der Ball ins Aus geht).
    · Zonen nicht betreten.
    · Maximal 3 Würfe auf einen Rahmen (damit nicht alle Spieler vor einem Rahmen stehen).
    · Maximal 3 Schritte mit dem Ball → kein Dribbeln.
    · Maximal 3 Sekunden Ballkontakt.
    · Nach einem Punkt muss die Mittellinie überquert werden, danach darf aber auf beide Rahmen gespielt werden (diese Regel dient dazu, dass nicht alle Spieler vor einem Rahmen stehen).
  – Hinweis: Vor allem die Regel, dass die verteidigende Mannschaft aktiv aus dem Weg gehen muss und erst nach dem Wurf auf den Rahmen den Ball verteidigen darf, ist für viele Schüler zunächst schwer umzusetzen, da sie sich in den gängigen europäischen Mannschaftsspielen andere Verhaltensweisen angeeignet haben. Die Regel sollte im Verlauf der Doppelstunde jedoch auf jeden Fall eingeführt werden, um zum einen das Zielspiel Tchoukball zu erreichen und zum anderen lebt das Spiel von diesem fairen gegeneinander Spielen.

– Ein Arbeitsblatt, dass bei der Einführungsstunde als Hilfe für die Lehrperson und im späteren Verlauf des Unterrichtsvorhabens als Orientierung für die Schüler dienen kann, ist auf den folgenden Seiten zu finden (KV *Regeln*, S. 15).

- Optional kann ein *Advance Organizer* mit den Schülern entwickelt oder von der Lehrperson erstellt werden. Diese Visualisierung des Unterrichtsvorhabens gibt den Schülern eine Orientierung über die Inhalte und strukturiert den oben angesprochenen Prozess des Spielens, Entdeckens von Schwierigkeiten und Problemlösens. Hier ein Beispiel für einen *Advance Organizer* für das Unterrichtsvorhaben:

Ziel: Wir spielen gemeinsam und erfolgreich Tchoukball
Tchoukball-Cup
Verteidigungsstrategien
Angriffstaktiken
Raumaufteilung und Aufstellung
Technik
Einführung Zielspiel

- Hinweis zum Material: Sollten in Ihrer Schule keine Tchoukballrahmen und Tchoukbälle vorhanden sein, schließt das eine Thematisierung von Tchoukball keineswegs aus. Als Trefffläche für den Ball können ebenso gut zwei Kastenoberteile von großen Sprungkästen verwendet werden. Diese werden nebeneinander, schräg an eine Hallenwand gestellt und bilden eine wunderbare Reboundfläche, an der der Ball abprallen kann. Als Spielball kommt jede Form von Ball (Handball, Softball, Gummiball etc.) in Frage, solange der Ball von der Reboundfläche weit genug ins Feld prallt. Die Zonen um die (selbstgebauten) Frames können durch Klebeband oder flache Gummimarkierungen gekennzeichnet werden. Auch Hütchen und Seile als Markierungen sind möglich, aber Vorsicht wegen der Gefahr des Umknickens, wenn Schüler darauf treten! Im besten Falle können die Hallenbodenmarkierungen genutzt werden.
- Zur Orientierung der Aufbau eines Tchoukballfeldes mit den relevanten Linien:

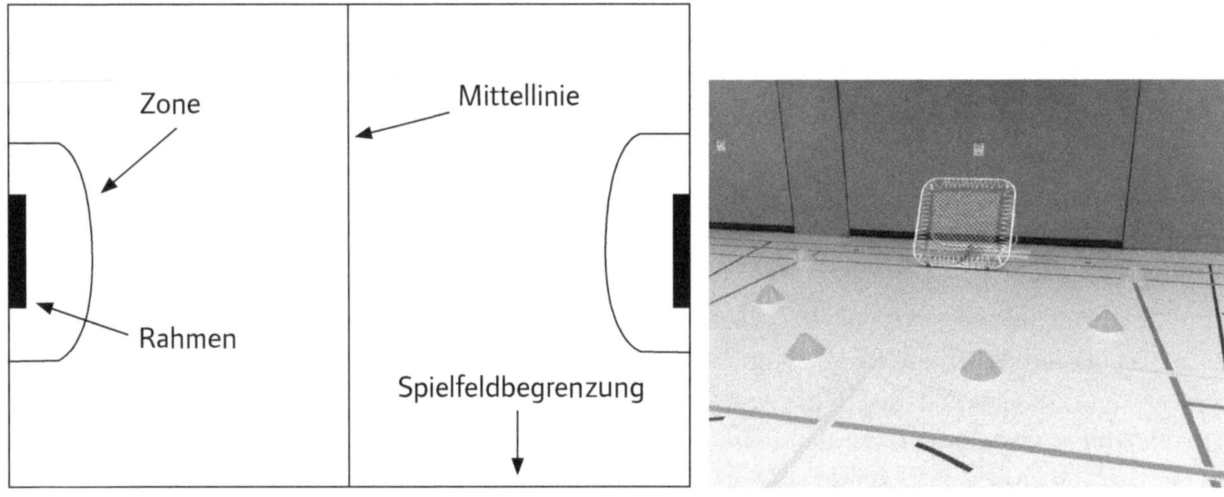

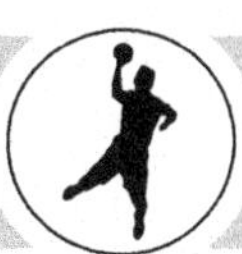

Erwärmung

- Zur Erwärmung für das Spiel Tchoukball eignet sich das Spiel Zombieball in besonderem Maße. Die Schüler werden sowohl auf das Werfen und Fangen, als auch das Sprinten und schnelle Richtungsänderungen vorbereitet. Als Material werden lediglich ein oder mehrere Softbälle (je nach Gruppengröße) und eine Spielfeldbegrenzung benötigt.
- Die Regeln:
  - Jeder spielt gegen jeden und versucht, möglichst viele Mitspieler mit einem Softball abzuwerfen.
  - Ist ein Schüler abgeworfen, nimmt er am Spielfeldrand Platz und greift wieder in das Spiel ein, sobald sein Abwerfer selbst getroffen wurde. Die abgeworfenen Schüler können leichte Dehn- oder Kräftigungsübungen durchführen, um sich sportlich zu betätigen.
  - Wird ein Ball gefangen, gilt der Schüler nicht als abgeworfen und das Spiel geht weiter.
  - Kopftreffer sollen aus gesundheitlichen Gründen vermieden werden und zählen nicht.
  - Wenn zu viele Schüler außen sitzen, können Sie durch das Signal „Freiheit" alle Schüler wieder auf das Spielfeld schicken und das Spiel beginnt von neuem.
- Möglichkeit: Ich empfehle das Aufwärmen als einen offenen Einstieg anzulegen, sofern es die schulinternen Rahmenbedingungen zulassen. Das bedeutet, dass die Lehrperson bereits mit den Bällen in der Halle wartet und die Schüler mit dem Spiel beginnen, sobald ausreichend Schüler (ca. vier) die Halle betreten haben. Die nach und nach ankommenden Spieler integrieren sich eigenständig in das Spiel. Dieser offene Einstieg, der der Hinführung vorgelagert ist, dient zum einen einer nahtlosen Theorie-Praxis-Verzahnung (Hinführung direkt vor der Erarbeitungsphase) und zum anderen wirkt er ungemein motivierend für die Schüler, welches sich positiv auf die Umziehzeit der Schüler auswirkt.
- Für die Sekundarstufe II empfiehlt sich ein technikorientiertes Warmmachen, welches bestenfalls von einem Schülerexperten (Handballer) geleitet werden kann.
- Je nach eigener Vorliebe der Lehrperson, können die Schüler mittels vielfältiger Spiel- und Übungsformen erwärmt werden. Während der spezifischen Erwärmung sollten vor allem die technischen Fertigkeiten Werfen und Fangen sowie koordinative Fähigkeiten im Mittelpunkt stehen.

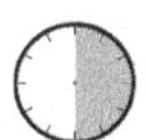

Erarbeitungsphase (kann je nach Leistungsstärke zeitlich variieren)

- Der Hauptteil der Stunde besteht aus einem Wechsel von Spielphasen, in denen die erarbeiteten Regeln erprobt werden und Reflexionsphasen, in denen die Einhaltung und Sinnhaftigkeit der bisherigen Regeln diskutiert und weitere, neue Regeln aufgestellt werden (siehe Auflistung der Regeln oben).
- In den Spielphasen spielen je zwei Mannschaften gegeneinander. Die Teamgröße sollte je nach Möglichkeiten (Spielfeldgröße) zwischen 5 und 7 Spieler liegen. Sollten mehrere Spielfelder zur Verfügung stehen, können sich mit Blick auf die Bewegungszeit im Sportunterricht möglichst viele Schüler gleichzeitig bewegen. In diesem Fall können die Reflexionsphasen unter Leitung der Lehrperson im Klassenverbund erfolgen. Steht lediglich ein Spielfeld zur Verfügung, können die aussetzenden Mannschaften die Beobachtungsaufgaben (KV *Beobachtungsauftrag*, S. 14) in Einzelarbeit oder teamintern bearbeiten. Diese Beobachtungsaufgaben bereiten die Zwischenreflexionen vor.

- Wichtig ist, den Schülern ausreichend Spielzeit einzuräumen, um das Spiel ausreichend zu erproben, die erarbeiteten Regeln zu testen und neue Regeln aufstellen zu können. Die Lehrperson sollte im Sinne einer reibungslosen Durchführung des Sportunterrichts auf ein gelingendes Spielgeschehen achten und bei der Durchführung helfen. Jedoch sollte nicht zu stark in das Spielgeschehen eingegriffen werden, damit die Schüler eigene Erfahrungen sammeln können und darauf basierend sinnvolle Regeln erarbeiten zu können.

Als Schiedsrichter das Spiel leiten, als Coach eines Teams agieren

Als Beobachter KV Beobachtungsauftrag ausfüllen

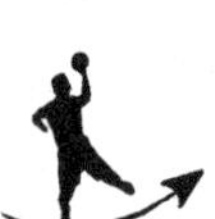

Für Einsteiger und Profis (Differenzierung)

- Eine gewisse Differenzierung findet automatisch statt, indem die Schüler sich im Mannschaftsgefüge während des Spiels ihre passende Rolle suchen. Bei Konflikten kann dies offen thematisiert werden, um weniger leistungsstarken Schülern bewusst Rückzugsmöglichkeiten einzuräumen, ohne dadurch das Unverständnis von anderen Schülern zu wecken. Ebenso kann die Einteilung der Teams zu einer Differenzierung nach Leistung führen.
- Für weniger leistungsstarke Schüler können Tippkarten mit Verhaltenstipps für das Spiel bereitgelegt werden, die bei Bedarf von den Schülern gelesen werden.
  - Folgende exemplarische Tipps sind sinnvoll:
    - · Verteidige nur das Netz!
    - · Laufe dich frei, wenn dein Mitspieler den Ball hat!
    - · Lass dir Zeit, um einen freien Mitspieler zu finden, niemand greift dich an!
- Leistungsstarke Schüler können als Schiedsrichter eingesetzt werden, da ein regelkundiger Schiedsrichter vor allem zu Beginn des Unterrichtsvorhabens eine große Hilfe für die Mitschüler darstellt. Weiterhin können leistungsstarke Schüler als Coachs eingesetzt werden, um einzelnen Mitschülern oder ganzen Teams (verbale) Hilfestellungen zu geben.

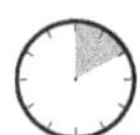

Zwischenreflexion

- In den Zwischenreflexionen, die zwischen den Spielen sattfinden, geht es darum das Spielgeschehen zu reflektieren und die oben genannten Regeln mit den Schülern zu erarbeiten. Sinnvoll ist eine Visualisierung der Regeln auf einer Tafel oder einem Plakat, damit die Schüler das Lernprodukt jederzeit sehen und überdenken können.
- In den Zwischenreflexionen obliegt es der Lehrperson die Schüler sinnvoll auf die oben genannten Regeln zu lenken, um zum Abschluss der Stunde das Zielspiel Tchoukball zu spielen. Als Lehrexperte kann die Lehrperson selbstverständlich Regeln vorgeben, um ein reibungsloses Spiel zu gewährleisten. Dabei ist jedoch eine Begründung der Regeln unabdingbar, um ein Verständnis aufseiten der Schüler zu schaffen.
- In den Zwischenreflexionen, die auf die Aufstellung der oben genannten Regeln ausgerichtet sein sollten, kann zunächst auf den Beobachtungsauftrag zurückgegriffen werden:

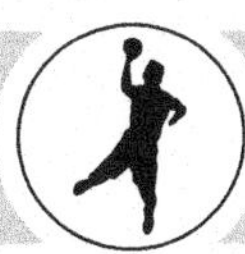

- Impulse/Impulsfragen:
  - Erläutert, was euch aufgefallen ist.
  - Was gelingt bereits gut?
  - Welche Schwierigkeiten und Probleme treten bei dem Spiel auf?
  - Was sollten wir ändern?
  - Welche Regel könnten wir hinzufügen, um das Problem zu beheben?

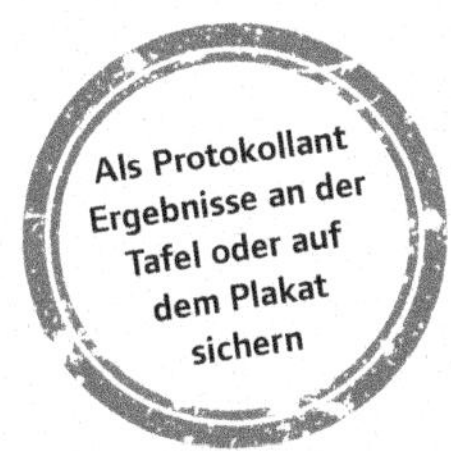

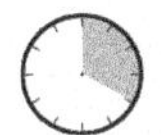

Erprobungsphase (kann je nach Leistungsstärke zeitlich variieren)

- Zum Abschluss der Doppelstunde sollte das Zielspiel Tchoukball mit allen Regeln (siehe KV *Regeln*, S. 15) gespielt werden, damit in der Abschlussreflexion das Spiel Tchoukball und nicht eine vorherige Variante beurteilt werden.

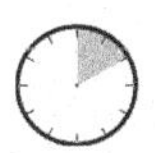

Abschluss/Reflexion und Ausblick

- Das Unterrichtsvorhaben ist so aufgebaut, dass jeweils am Ende der Unterrichtseinheit auf Prozessebene Schwierigkeiten und Probleme analysiert werden, deren Lösung das Thema der nächsten Stunde darstellt. Am Ende dieser Stunde sollte zunächst das generelle Gelingen des Zielspiels Tchoukball reflektiert werden. Dabei sollten die bereits gelingenden Aspekte ebenso besprochen werden, wie die natürlich noch vorhandenen Schwierigkeiten und Probleme. Dabei kann man sich auf die Fragen und Ergebnisse der Zwischenreflexion zurückbeziehen.
- Abschließend sollte aus den vorhandenen Schwierigkeiten das Thema der nachfolgenden Unterrichtseinheit ausgewählt und auf dem *Advance Organizer* visualisiert werden. Nach dem Kennenlernen des Zielspiels ist zunächst die Thematisierung der technischen Fertigkeiten (Werfen und Fangen) angesagt, bevor das Unterrichtsvorhaben taktische Verhaltensweisen fokussiert.
- Zur Förderung der Sozialkompetenz und für ein höheres Spielniveau empfiehlt es sich, feste Teams zu bilden, die über den Verlauf aller Stunden zusammenbleiben. Diese Teams können nun, basierend auf den Erfahrungen der Spielphasen, gebildet werden. Alternativ können die Teams auch zu Beginn der nächsten Stunde erstellt werden.

Beobachtungsauftrag für zuschauende Schüler

Auftrag: Lest euch die Fragen durch und überlegt Antworten auf die Fragen.

Fragen:

1. Was gelingt bereits gut im Spiel?

2. Welche Schwierigkeiten und Probleme treten bei dem Spiel auf? Was sollten wir als Klasse üben?

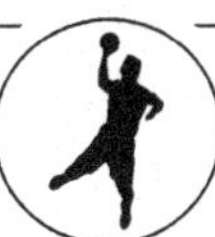

Tchoukball – Spielidee und Regeln

Spielidee

- **2 Mannschaften**
- **2 Rahmen** mit **Zonen**
- **2 Spielrichtungen** → Spiel auf beide Rahmen
- **1 Punkt = Wurf** auf den **Rahmen** und **Bodenkontakt des Balles** außerhalb der Zone
- Verteidiger versuchen den Ball **nach dem Rahmenkontakt** abzufangen

Regeln

- **Ball fällt zu Boden** → Ballbesitz wechselt
- **Keine Beeinträchtigung** der Angreifer → aktiv weggehen
- **Zonen nicht betreten**
- Maximal **3 Würfe** auf einen Rahmen
- Maximal **3 Schritte** mit dem Ball → **kein Dribbeln**
- Maximal **3 Sekunden** Ballkontakt
- **Nach einem Punkt** → **Mittellinie** überqueren

2. Doppelstunde: „Wir üben unser Handwerkszeug!“ Verbesserung der technischen Fertigkeiten des Werfens und Fangens zur Schaffung grundlegender Voraussetzungen im Tchoukball

Ziel/Leitidee:
Verbesserung der für Tchoukball relevanten technischen Fertigkeiten
Klassenstufe:
Sekundarstufe I + II
Vorbereitung/Material:
vier Tchoukballrahmen oder Kastenoberteile, Zonen, mindestens vier Bälle, Leibchen, *Advance Organizer*, KV Technikstationen, KV Beobachtungsauftrag
Sozialform:
Gruppenarbeit, Reflexionsphasen im Plenum
Kompetenzbereich:
Bewegungs- und Wahrnehmungskompetenz (Erlernen neuartiger Bewegungsformen), Sozialkompetenz (Kooperation in Teams)

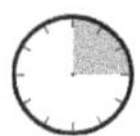

Erwärmung/offener Einstieg

- Wie bereits erläutert, bietet sich ein offener Einstieg mit dem Spiel Zombieball an. Dementsprechend bekommen die Schüler zunächst die Möglichkeit, sich auszupowern und ihren Bewegungsdrang spielerisch auszuleben, bevor in der Einführung der theoretische Grundstein der Unterrichtseinheit gelegt wird. Nach einer kurzen Auspowerphase, die zur Erwärmung genutzt wird, sind die Schüler deutlich gewillter in dem kurzen Theorieteil mitzuarbeiten.

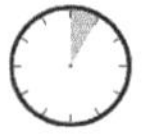

Einführung

- Zunächst werden die in der Vorstunde erarbeiteten Regeln rekapituliert, um sicherzustellen, dass allen Schülern die Regeln geläufig sind und um eine tiefere Verinnerlichung zu gewährleisten. Am Ende dieser Phase kann den Schülern das Arbeitsblatt (KV *Regeln*, S. 15) ausgeteilt werden, um ihnen eine Hilfe für die Folgestunde zu geben.
- Möglichkeit: Hilfreich ist das Führen von Mannschaftsbüchern für die festen Teams. Mannschaftsbücher bedeuten, dass jedes Team einen Schnellhefter führt, in den Arbeitsblätter, wie z. B. das Regelblatt, geheftet oder Taktiken festgehalten werden. Im Laufe des Unterrichtsvorhabens wird der Hefter mit weiteren Materialien gefüllt und dient als Materialsammlung mit Sicherungsfunktion.
- Um die Gesamtzusammenhänge des Unterrichtsvorhabens zu verdeutlichen und das heutige Stundenthema herzuleiten, kann der *Advance Organizer* genutzt werden.

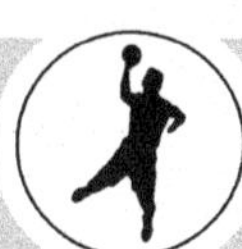

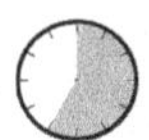

Erarbeitungsphase

- Die Erarbeitungsphase wird durch ein Arbeitsblatt (KV *Technikstationen*, S. 19/20) instruiert. Dort finden sich sowohl der Aufbau und der Ablauf der Technikstationen. Die Schüler lesen das Arbeitsblatt und bauen, nachdem sie Fragen stellen konnten, in ihren festen Teams die jeweiligen Stationen auf.
- Die vier Stationen werden nacheinander durchlaufen und bieten den Schülern die Gelegenheit, ihre Fang-, Pass- und Wurftechniken gezielt zu verbessern. Auf Signal der Lehrperson werden die Stationen nach ca. 10 Minuten gewechselt.
- Abschließend baut jede Gruppe ihre jeweilige Station wieder ab.

Beim Auf- und Abbau helfen, Mitschüler beobachten und Tipps geben

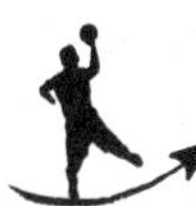

Für Einsteiger und Profis (Differenzierung)

- Auf dem Arbeitsblatt zum Aufbau der Stationen werden Hilfen für weniger leistungsstarke Schüler und Herausforderungen für leistungsstarke Schüler angeboten.
- Eine weitere Möglichkeit zur Differenzierung in weniger leistungsstarken Lerngruppen ist, dass die Station 4 nur als Bonusstation für Fortgeschrittene angeboten wird, da der Sprungwurf für manche Schüler eine hohe Herausforderung darstellt.
- Bei weniger leistungsstarken Gruppen empfiehlt sich eine zeitliche Ausdehnung der Behandlung der Technikstationen.

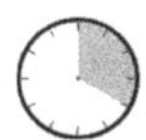

Erprobungsphase

- Nach dem Durchlaufen der Stationen werden die erworbenen Fähigkeiten im Spiel erprobt. Dazu spielen wieder jeweils zwei Mannschaften gegeneinander nach den bekannten Regeln. Sollten es die schulinternen Rahmenbedingungen (mehrere Spielfelder) zulassen, können so viele Teams wie möglich parallel Spiele bestreiten.
  Die genaue Spielzeit der einzelnen Begegnungen hängt dabei von der Team- und Schüleranzahl der jeweiligen Lerngruppe ab. Aus motivationalen Gründen und um den Schülern die Gelegenheit zu geben, das Erlernte wiederholt anzuwenden, sollte die Spielzeit nicht zu gering ausfallen.
- Hinweis: Vor den Spielen sollte auf den besonderen Fair-Play-Gedanken von Tchoukball hingewiesen werden. Trotzdem empfiehlt es sich Schiedsrichter bei den Spielen einzusetzen. Dies können Schüler aus aussetzenden Mannschaften sein oder nicht-aktive Schüler.
- Während der Spiele bekommen die aussetzenden Schüler (inklusive nicht-aktive Schüler) einen Beobachtungsauftrag (KV *Beobachtungsauftrag*, S. 21). Mithilfe des Beobachtungsauftrags beobachten und reflektieren die Schüler ihr Wurfverhalten, welches in der folgenden Reflexion thematisiert wird.

Als Schiedsrichter agieren, Ausfüllen der KV Beobachtungs-auftrag

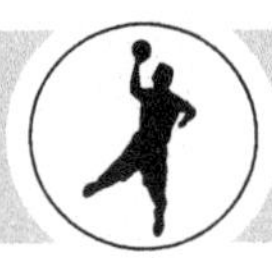

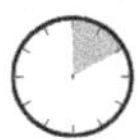

Abschluss/Reflexion und Ausblick

- Abschließend wird das Wurfverhalten der Schüler auf Basis des Beobachtungsauftrags reflektiert. Um den Schülern das Wurfverhalten zu verdeutlichen und verschiedene Möglichkeiten des Wurfes aufzuzeigen, werden einprägsame Wenn-Dann-Beziehungen mit den Schülern aufgestellt, die leicht zu erinnern sind, um auch in den folgenden Unterrichtseinheiten wieder aufgegriffen zu werden. Den Schülern wird dadurch bewusst, dass sie mehrere Möglichkeiten haben auf den Rahmen zu werfen und ihre Gegner dadurch austricksen können. Zum Beispiel kann der Wurfwinkel und die Wurfkraft variiert werden, sodass es für die Gegner deutlich schwieriger wird, den abprallenden Ball zu antizipieren.
- In dieser Phase lesen die Schüler ihre Lösungen für die Sätze auf dem Beobachtungsbogen vor. Die Lösung für die Lehrperson ist unten auf dem KV *Beobachtungsauftrag* (S. 21) zu finden. Bestenfalls werden die Wenn-Dann-Beziehungen an einer Tafel visualisiert. Die von den Schülern korrigierten Zettel können zur späteren Verwendung in die Mannschaftsbücher geheftet werden.
- Zum Abschluss der Unterrichtseinheit findet wie gewohnt die Prozessreflexion statt, die das neue Thema für die nächste Unterrichtsstunde behandelt. Da ein anfängliches Problem beim Tchoukball häufig ist, dass viele Spieler vor einem Netz stehen und wiederholt auf das Netz geworfen wird, ohne dabei erfolgreich zu sein, bietet sich als nächstes Thema an über eine Raumaufteilung und Aufstellung zu sprechen.

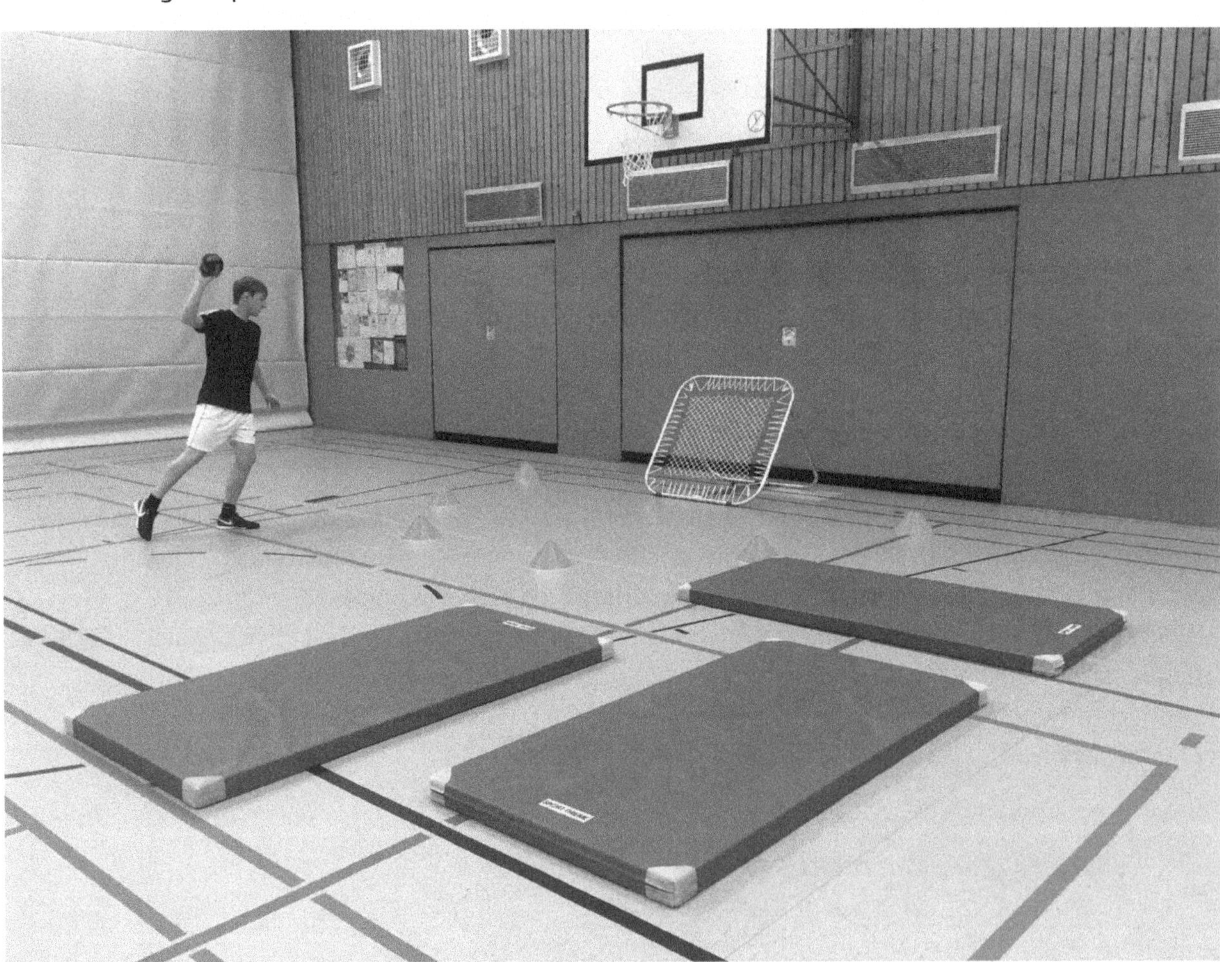

Beispiel für Technikstation 2

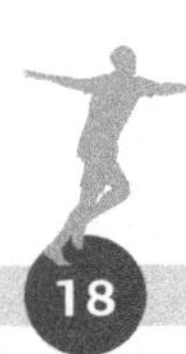

Technikstationen

Aufgabe: Baut in euren Team jeweils eine Station zum Üben der Technik auf.

Station 1:

Ihr benötigt:
- 1 Tchoukballrahmen
- 1 Ball
- 1 Zone

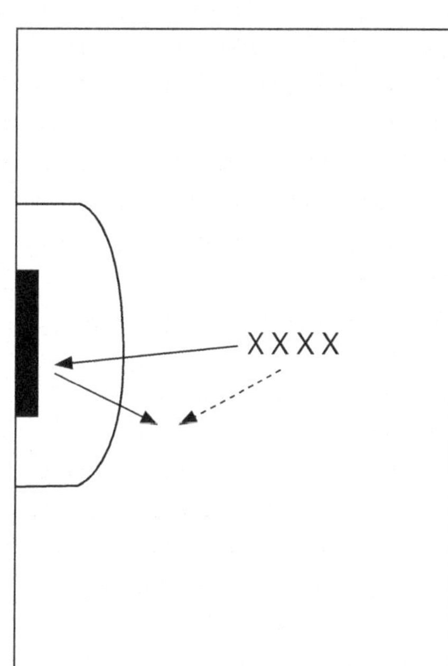

Ablauf:
- Spieler 1 wirft auf das Netz.
- Spieler 2 hält sich bereit und fängt den Ball.
- Spieler 2 wirft auf das Netz und Spieler 3 fängt usw.

Hinweis:
Werft zunächst so, dass euer Mitspieler den Ball fangen kann.
Später könnt ihr versuchen, so zu werfen, dass euer Ball nicht gefangen werden kann.

Für Experten:
Versucht Würfe von oben (über Kopfhöhe) und von unten (Hüfthöhe) auf das Netz.

Station 2:

Ihr benötigt:
- 1 Tchoukballrahmen
- 1 Ball
- 1 Zone
- 3 Kästen oder Matten

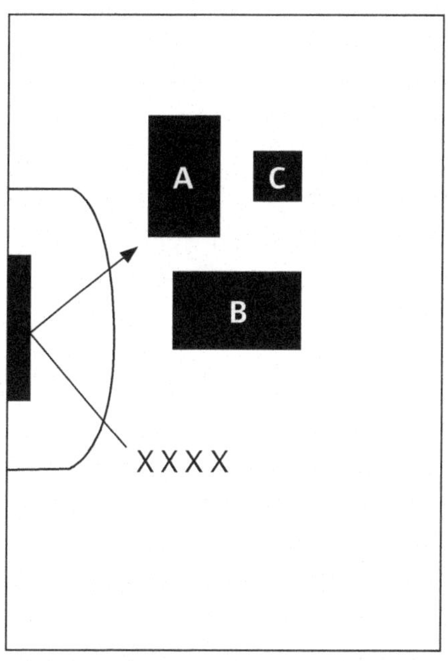

Ablauf:
Ihr stellt euch in einer Reihe auf. Der erste Spieler sagt an, welche Matte oder Kasten er treffen möchte und wirft so auf das Netz, dass der Ball danach auf der richtigen Matte oder Kasten landet.

Für Experten:
Versucht Würfe von oben (über Kopfhöhe) und von unten (Hüfthöhe) auf das Netz.

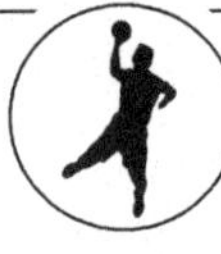

Technikstationen

Station 3:

Ihr benötigt:
- 1 Tchoukballrahmen
- Mindestens 2 Bälle
- 1 Zone

Ablauf:
- Der Spieler in der Mitte wirft dem rechten Spieler in den Lauf.
- Der rechte Spieler fängt den Ball und wirft ihn quer zum linken Spieler.
- Der linke Spieler wirft auf dem Rahmen. Vorsicht, wenn der Winkel zu klein wird, dann wird der Wurf sehr schwierig.
- Der Spieler in der Mitte versucht den Ball nach dem Abprall zu fangen.
- Danach beginnt die nächste 3er-Gruppe die Passkombination.

Passweg Laufweg

Tipp:
Zunächst ist die Genauigkeit der Pässe wichtiger als Schnelligkeit.

Für Experten:
Versucht Würfe von oben (über Kopfhöhe) und von unten (Hüfthöhe) auf das Netz.

Station 4:

Ihr benötigt:
- 1 Tchoukballrahmen
- 1 Ball
- 1 Zone
- 1 kleiner Kasten

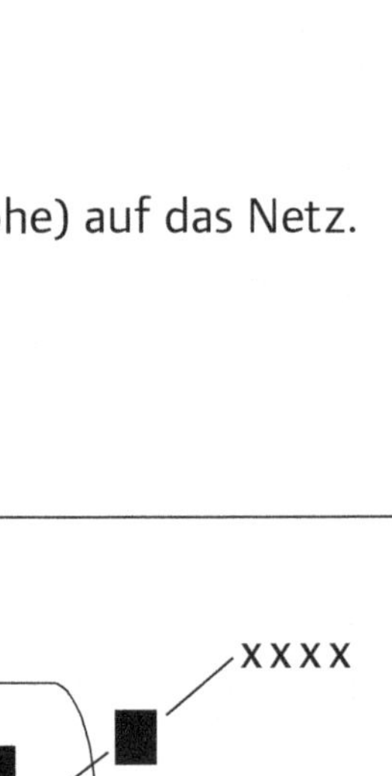

Ablauf:
- Ihr stellt euch in einer Reihe auf. Der erste Spieler nimmt maximal 3 Schritte Anlauf und macht einen Sprungwurf über den Kasten, den er nicht berührt. Wichtig: Die Zone darf erst, nachdem der Ball die Hand verlassen hat, berührt werden.
- Ein weiterer Spieler fängt den Ball außerhalb der Zone.
- Der Werfer wird danach zum Fänger und der Fänger stellt sich an.

Tipp:
Zunächst ist die Genauigkeit des Wurfs wichtiger als Tempo oder Winkel des Wurfs.

Für Experten:
Versucht Würfe von oben (über Kopfhöhe) und von unten (Hüfthöhe) auf das Netz.

Beobachtungsauftrag für zuschauende Schüler

Auftrag: Lest euch die Sätze durch und ergänzt sie sinnvoll.

Würfe auf den Rahmen

- **Wenn ich den Ball von oben auf das Netz werfe, dann…**

____

____

- **Wenn ich den Ball von unten auf das Netz werfe, dann…**

____

____

- **Wenn ich den Ball fest auf das Netz werfe, dann…**

____

____

- **Wenn ich den Ball locker auf das Netz werfe, dann…**

____

____

- **Wenn ich den Ball von der Seite auf das Netz werfe, dann…**

____

____

Vor dem Kopieren abschneiden

Lösungen

- Wenn ich den Ball von oben auf das Netz werfe, dann *fliegt er flach aus dem Netz heraus.*
- Wenn ich den Ball von unten auf das Netz werfe, dann *fliegt er hoch aus dem Netz heraus.*
- Wenn ich den Ball fest auf das Netz werfe, dann *fliegt er im weiten Bogen aus dem Netz.*
- Wenn ich den Ball locker auf das Netz werfe, dann *fliegt er nicht weit.*
- Wenn ich den Ball von der Seite auf das Netz werfe, dann *fliegt er zur anderen Seite raus.*

3. Doppelstunde: „Wir spielen mit Köpfchen!" Erarbeitung von Raumaufteilung und Aufstellungen im Tchoukball

Ziel/Leitidee:
Erarbeiten einer sinnvollen Raumaufteilung und Aufstellung im Tchoukball
Klassenstufe:
Sekundarstufe I + II
Vorbereitung/Material:
Spielfeld aufbauen, zwei Tchoukballrahmen, Zonen, Ball, Leibchen, *Advance Organizer*, KV Arbeitsaufträge Aufstellung, KV Tippkarte, KV Aufgabe für nicht-aktive Schüler, KV Einzeichnen von Taktiken (siehe 4. Doppelstunde)
Sozialform:
Gruppenarbeit, Reflexionsphasen im Plenum
Kompetenzbereich:
Selbstständigkeitsförderung (eigenständige Bewältigung mehrere Lernschritte), Methodenkompetenz (Visualisierung Aufstellung), Bewegungs- und Wahrnehmungskompetenz (Verbesserung der Raumaufteilung), Sozialkompetenz (Kooperation im Team)

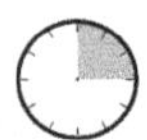

Erwärmung/offener Einstieg

- Bereits ritualisiert findet das Aufwärmen als offener Einstieg mit dem Spiel Zombieball statt (siehe vorherige Unterrichtseinheiten). Das Spiel stellt eine geeignete und spezifische Erwärmung für Tchoukball dar.

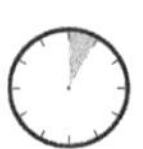

Einführung

- Die Einordnung des Stundeninhalts in den Zusammenhang mittels des Advance Organizers bildet den ritualisierten thematischen Einstieg. Die Phase verdeutlicht den Schülern die Sinnhaftigkeit des sportlichen Tuns.
- Möglichkeit: Der *Advance Organizer* kann von einem Schüler vorgestellt werden, um die Schülerorientierung und -aktivierung zu erhöhen.

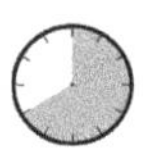

Erarbeitungsphase

- Das Ziel der Unterrichtseinheit ist, dass nicht alle Schüler vor einem Netz stehen und darauf werfen. Dementsprechend wird das Problem der Vorstunde, die fehlende Raumaufteilung, durch die Entwicklung einer Aufstellung behoben, um erfolgreicher Tchoukball zu spielen. Zur Förderung der Eigenständigkeit der Schüler im Sporttreiben durchlaufen die Schüler in Gruppen vier Lernschritte, an deren Ende eine geeignete Aufstellung des Teams für das Sportspiel Tchoukball steht.
- Die vier Lernschritte der Erarbeitungsphase:
  1. In ihren festen Teams entwickeln die Schüler eine Aufstellung für ihr Team und visualisieren diese.

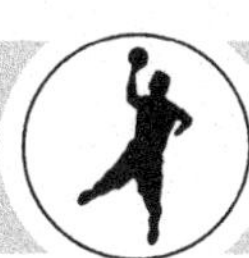

2. Die Schüler erproben ihr Lernprodukt im Wettkampf mit einem anderen Team. Die Erprobung des Lernproduktes ermöglicht den Schülern das Testen ihrer theoretisch geplanten Aufstellung unter Wettkampfbedingungen. Bei der Spielplangestaltung ist das Eingreifen der Lehrperson erforderlich, um festzulegen welche Teams gegeneinander spielen.
3. Im Anschluss daran erfolgt eine kurze gruppeninterne Reflexion zur Anpassung des Lernproduktes an die im Wettkampf erfahrenen Anforderungen. Der Austausch geschieht gruppenintern, um die Erfahrungen kurzfristig und ohne zeitlichen Verlust durch organisatorische Maßnahmen zu nutzen. Diese Phase ist zeitlich begrenzt, um den Schülern eine ausreichende Bewegungszeit im Sportunterricht zu ermöglichen.
4. Danach erproben die Schüler ihre verbesserte Aufstellung im Spiel gegen ein weiteres Team, um gewonnene Erkenntnisse direkt umzusetzen und zudem weitere Erkenntnisse zu gewinnen.

- Die Arbeitsphase wird materiell gesteuert, indem die Schüler sich den Arbeitsauftrag mittels eines Arbeitsblattes (KV *Arbeitsaufträge Aufstellung*, S. 25) erschließen. Der Vorteil in der Arbeit mit einem Arbeitsblatt als Arbeitsanweisung besteht darin, dass die Schüler eigenständig damit arbeiten können und die Lehrperson keine weiteren mündlichen Erklärungen geben muss. Darüber hinaus ist eine Instruktion mittels eines Arbeitsblattes im Hinblick auf die Bewegungszeit im Sportunter-richt zeitsparender im Vergleich zur mündlichen Erklärung.
- Hinweis: Das eigenständige Bewältigen von Lernschritten dient einer Gewöhnung an selbstständige Arbeitsprozesse. Um eine Überforderung möglichst zu vermeiden, wird die selbstständige Erarbeitung durch eine genaue und schrittweise Instruktion mittels des Arbeitsblattes begleitet. Nichtsdestotrotz kann es in Lerngruppen, die nicht an ein selbstständiges Arbeiten im Sportunterricht gewöhnt sind, zu Schwierigkeiten in diesem selbstständigen Prozess kommen. In diesem Fall ist ein gezielt helfendes Eingreifen in den Lernprozess durch die Lehrperson notwendig. In Lerngruppen, denen das selbstständige Arbeiten im Sportunterricht schwer fällt, kann natürlich auch die Lehrperson die Instruktion mündlich vornehmen (ganz oder teilweise).
- Hinweis zum Material: Im ersten Lernschritt sollen die Schüler die Aufstellung aufzeichnen. Dieses Aufzeichnen verhindert, dass lediglich eine rudimentäre Aufstellung mündlich vereinbart wird. Darüber hinaus hat das Aufzeichnen einer Aufstellung einen methodischen Wert und vor allem motivationalen Aufforderungscharakter. Das Aufzeichnen kann sowohl auf dem KV *Einzeichnen von Taktiken* (S. 31) als auch mithilfe von magnetischen oder elektronischen Taktiktafeln erfolgen, je nachdem welche Möglichkeiten vorhanden sind.

Als Coach agieren, KV Aufgabe für nicht-aktive Schüler ausfüllen.

Für Einsteiger und Profis (Differenzierung)

- Zur Unterstützung des selbstständigen Lernprozesses stehen als Differenzierungsmaßnahmen Tippkarten zur Verfügung, um Schülern oder Gruppen, die kognitive Hilfen oder Anregungen brauchen, diese zu ermöglichen.
- Eine motorische Binnendifferenzierung erfolgt in den Teams insofern, dass die Stärken einzelner Schüler in der Aufstellung berücksichtigt werden. Darüber hinaus dienen leistungsstarke Schüler den weniger leistungsstarken Schülern in den Gruppenarbeitsphasen als Vorbilder und können ihre Expertise, zum Beispiel aus anderen Mannschaftssportarten, in die Lernproduktgestaltung einfließen lassen und den anderen Schülern helfen.

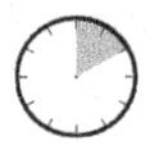

Sicherungsphase

- Die Diskussion der erstellten Lernprodukte erfolgt in der Sicherungsphase. In dieser Unterrichtsphase werden die selbstständig erarbeiteten Lernprodukte der Schüler verglichen und übergreifende Merkmale für effektive Aufstellungsformen entwickelt.
- Mögliche Schülerlösungen in dieser Phase können folgende Merkmale sein: Verteilung auf dem ganzen Spielfeld, Abdeckung beider Netze sowie stärkenorientierte Positionierung.
- Um den Schülern das aufrichtige Gefühl zu vermitteln, ernst genommen zu werden und wirklich an Entscheidungsprozessen des Sportunterrichts teilhaben zu können, sollte bei der Sicherung der Ergebnisse auf die Formulierungen der Schüler eingegangen, sodass unter Umständen andere, aber sinngleiche Begriffe gesichert werden. Dabei bietet sich eine Visualisierung an der Tafel an.

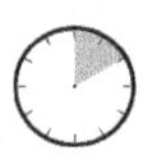

Vertiefungsphase

- In der Vertiefungsphase erhalten die Schüler kurz die Möglichkeit, ihre Lernprodukte unter Berücksichtigung der gesicherten Merkmale theoretisch zu verbessern (Verbesserung der visualisierten Aufstellungen) und die Merkmale danach direkt im Spiel gegen ein weiteres Team umzusetzen.
- Das Einräumen der Möglichkeit einer direkten Umsetzung der erarbeiteten Aspekte erscheint wichtig, da je nach dem zeitlichen Abstand bis zur nächsten Sportstunde Bewegungserfahrungen möglicherweise vergessen werden.

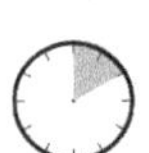

Abschluss/Reflexion und Ausblick

- Zum Abschluss werden das Erreichen des Stundenziels und der nächste Lernschritt reflektiert. Den Schülern wird ihr Lernzuwachs verdeutlicht, was aufgrund des materiellen Lernprodukts (Aufstellungen) sehr gut möglich ist, indem der Lernschritt beschlossen und der nächste Lernschritt geplant wird. Den Schülern wird ihre Mitbestimmung im Lernprozess und ihre Selbstständigkeit verdeutlicht.
- Da nun das Problem der Aufteilung auf dem Spielfeld gelöst ist, wird als nächstes das Thema der besseren Punkterzielung angegangen, um besser und effektiver Tchoukball zu spielen.

Arbeitsaufträge Aufstellung

1. Lernschritt **Ziel: Entwickeln der Aufstellung**	2. Lernschritt **Ziel: Erproben der Aufstellung**	3. Lernschritt **Ziel: Verbessern der Aufstellung**	4. Lernschritt **Ziel: Erproben der neuen Aufstellung**
Aufgabe: → **Entwickelt** als Team eine sinnvolle **Aufstellung** für das nächste Spiel. → **Zeichnet** diese Aufstellung auf. → Wenn ihr Anregungen braucht, könnt ihr die **Tippkarten** nutzen. **5 Minuten**	**Aufgabe:** → **Probiert** eure Aufstellung im **Spiel** gegen ein anderes Team aus.	**Aufgabe:** → **Verbessert** eure **Aufstellung** für das nächste Spiel. → Wenn ihr Anregungen braucht, schaut auf die **Tippkarten**. **5 Minuten**	**Aufgabe:** → **Probiert** eure neue, verbesserte **Aufstellung** gegen ein weiteres Team aus.

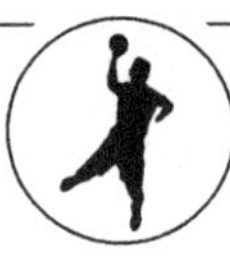

Tippkarte Aufstellung A

Tipps für die Erarbeitung einer Aufstellung:

Die folgenden Fragen helfen euch, eine effektive Aufstellung zu finden:

- Ihr habt sicherlich gute Werfer und Fänger im Team oder Schüler, die andere Stärken haben. Wie könnt ihr diese Stärken bei der Aufstellung nutzen?
- Wo solltest sich die Spieler eines Teams auf dem Spielfeld befinden?
  – Sollten alle Spieler auf einem Fleck stehen?

Tippkarte Aufstellung B

Tipps für die Erarbeitung einer Aufstellung:

Die folgenden Fragen helfen euch, eine effektive Aufstellung zu finden:

- Wo sollten sich die Spieler eines Teams auf dem Spielfeld befinden?
  – Sollten alle Spieler bei einem Netz stehen?
- Welche Aufstellung erscheint euch am sinnvollsten?

Wendel / Probst, Trendsport Tchoukball und Ultimate Frisbee · Schattenrisse: Shutterstock.com/Michal Sanca (oben); Shutterstock.com/lalilele13 (unten)

Beobachtungsauftrag für nicht-aktive Schüler

Leider kannst du dich heute nicht sportlich betätigen.
Du hast aber trotzdem Glück!

Team ______________________________ sucht einen Coach.

Als Trainer deines Teams hast du folgende Aufgaben:

Lernschritt 1:

◎ Du **hilfst deinem Team** beim Finden einer **geeigneten Aufstellung**.

Lernschritt 2:

◎ Während dein Team spielt, **beobachtest** du das Team. Sollte die **Aufstellung** verbessert werden?

◎ Formuliere einen **Tipp** hinsichtlich der Aufstellung, den du deinem Team **nach dem Spiel** gibst.

Tipp:

____

____

Lernschritt 3:

◎ Als Coach bringst du dich aktiv in die **Verbesserung der Aufstellung** ein.

Lernschritt 4:

◎ Du **beobachtest das Spiel** deiner Mannschaft mit der **verbesserten Aufstellung**.

◎ **Notiere** hier, was **bereits gut gelingt** und was **noch verbessert** werden sollte:

Gut war:

____

____

Wir sollten verbessern:

____

____

4. Doppelstunde: „Nur zusammen punkten wir!" Kooperative Entwicklung von Angriffsmöglichkeiten im Tchoukball

Ziel/Leitidee:
Entwicklung von Angriffstaktiken im Tchoukball
Klassenstufe:
Sekundarstufe I + II
Vorbereitung/Material:
Spielfeld aufbauen, zwei Tchoukballrahmen, Zonen, Ball, Leibchen, *Advance Organizer*, KV Arbeitsaufträge Offensivtaktiken, KV Tippkarte, KV Einzeichnen von Taktiken
Sozialform:
Gruppenarbeit, Plenumsphasen
Kompetenzbereich:
Selbstständigkeitsförderung, Methodenkompetenz, Bewegungs- und Wahrnehmungskompetenz, Sozialkompetenz

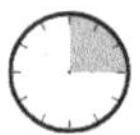

Erwärmung/offener Einstieg

- Wie gewohnt beginnt die Unterrichtsstunde mit Zombieball als offenem Einstieg. Zombieball wird für Schüler auch nach häufigem Spielen nicht langweilig, sondern behält seine Vorzüge, wie beispielsweise eine Erwärmung mit einem hohen motivationalen Faktor.

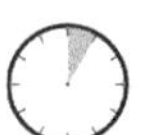

Einführung

- Der kognitive Einstieg in die Unterrichtseinheit erfolgt ebenso ritualisiert durch die Herleitung des Stundenthemas mithilfe des *Advance Organizers*, entweder durch Schüler oder die Lehrperson.
- In der heutigen Doppelstunde wird das Angriffsspiel verbessert, indem kooperativ in den festen Teams Möglichkeiten entwickelt werden, effektiver Punkte im Tchoukballspiel zu erzielen.

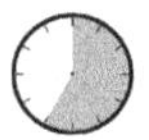

Erarbeitungsphase

- Die Erarbeitungsphase unterteilt sich wieder in vier verschiedene Lernschritte, die von den Schülern selbstständig in Gruppen durchlaufen werden, um die Eigenständigkeit im sportlichen Tun zu fördern. Im Sinne einer Vereinfachung der eigenständigen Schülerarbeit ist sowohl die Lernschrittabfolge als auch das Arbeitsblatt zur Instruktion (KV *Arbeitsaufträge Offensivtaktiken*, S. 32) ähnlich zu den Inhalten der letzten Unterrichtseinheit gestaltet. Diese Vertrautheit mit der Phasenstruktur und den Material erleichtert insbesondere Lerngruppen, die bisher weniger an selbstständiges Arbeiten gewöhnt sind, das Durchlaufen der Lernschritte ohne engmaschige Anleitung.
- Die vier Lernschritte der Erarbeitungsphase:
  1. In einer vorgelagerten Denkphase überlegen die Schüler, wie bestmöglich Punkte beim Tchoukball erzielt werden können und lassen ihre Erkenntnisse in Angriffstaktiken einfließen, die in ihren Mannschaftsbüchern festgehalten werden (KV *Einzeichnen von Taktiken*, S. 31). Ebenso wie in

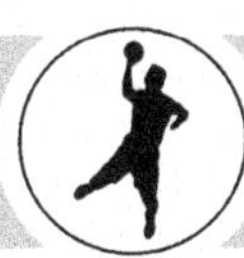

der vorherigen Unterrichtseinheit können magnetische oder elektronische Taktiktafeln gewinnbringend eingesetzt werden.
2. Im nächsten Lernschritt werden die erstellten Lernprodukte im Wettkampftest gegen ein anderes Team erprobt.
3. Die in der Erprobung aufgefallenen Schwierigkeiten und Probleme werden in einer teaminternen Reflexionsphase behoben und die Angriffstaktiken verbessert. Die Verbesserungen werden ebenfalls notiert.
4. Als letzten Lernschritt werden die verbesserten Angriffstaktiken im Spiel gegen ein anderes Team erprobt und im Spiel perfektioniert.

- Wichtig sind die teaminternen Reflexionsphasen, damit die lange Erarbeitungsphase nicht zu einer reinen Spielphase gerät, sondern den Schülern das Ziel stets präsent ist. Daher obliegt es der Lehrperson den Fokus der Schüler auf eben diese Reflexionsphasen zu lenken. Zur Hilfe kann den Schülern ein Beobachtungsauftrag gestellt werden. Mögliche Aufgabenstellungen, die sowohl mündlich, aber bestenfalls schriftlich gestellt werden können, sind:
  – Bewertet die Effektivität im Angriffsspiel. Was kann verbessert werden?
  – Beobachtet wie Punkte im Tchoukballspiel erzielt werden.
  Wie kann dieses Wissen für unser Angriffsspiel genutzt werden?

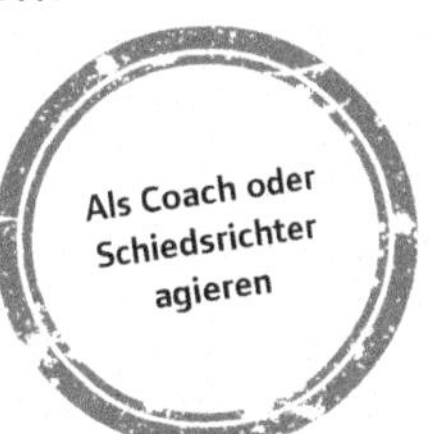

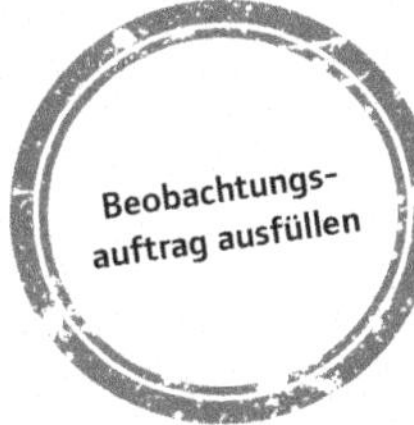

- Die Zeitdauer der einzelnen Spiele richtet sich nach der individuellen Lerngruppen- und Teamgröße.
- Die oben genannten Beobachtungsaufträge können ebenso als Aufgabenstellung für nicht-aktive Schüler verwendet werden.
  Zur Gestaltung eines Beobachtungsauftrages für nicht-aktive Schüler kann das Arbeitsblatt (KV *Aufgabe für nicht-aktive Schüler*, S. 27) als Anschauungsmaterial dienen.

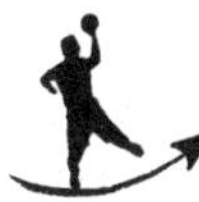

Für Einsteiger und Profis (Differenzierung)

- Für weniger leistungsstarke Gruppen und Schüler stehen Tippkarten zur Verfügung.
- Sollten weniger leistungsstarke Teams wenig Möglichkeiten bekommen Angriffstaktiken zu erproben, bietet sich ein Modus an, in dem ein Team für wenige Minuten ständig angreift und danach das andere Team für wenige Minuten ständig angreift, um beiden Teams die Möglichkeit zum Angreifen einzuräumen.
- Leistungsstarken Teams sind in dieser Unterrichtseinheit keine Grenzen gesetzt. Sie können ihrer Kreativität freien Lauf lassen und ihr komplettes sportspielspezifisches Wissen abrufen und einbringen.

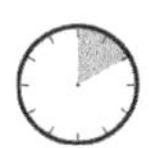

Sicherungsphase

- Nach der selbstständigen Bewältigung der vier Lernschritte werden die Ergebnisse in einer Sicherungsphase zusammengetragen und wenn möglich schriftlich fixiert. Als Impuls zum Einstieg kann genutzt werden: Unter Berücksichtigung eurer gerade gemachten Erfahrungen, erläutert bitte, was beim Offensivspiel wichtig ist, um zu punkten.

- Folgende Aspekte kommen als Lösung in Betracht:
  - Unberechenbare Würfe
    - Wurfwinkel (möglichst spitz)
    - Wurftechnik (von oben werfen, damit der Ball flach aus dem Netz springt)
  - Täuschungen und schnelle Richtungswechsel spielen
    - Gegen die Spielrichtung passen (dort stehen meistens wenige Gegner)
    - Konter und schnelle Gegenstöße, während Verteidigung unsortiert ist
  - Gegner im Auge haben
    - Freiräume nutzen
    - Werfer freispielen
- Die Auflistung versteht sich nur als Sammlung, die keinen Anspruch auf Vollständigkeit erhebt, da der Kreativität der Schüler keine Grenzen gesetzt werden. Die von den Schülern vorgebrachten Lösungen sollten jedoch einer Prüfung unterzogen werden, ob sie wirklich zu einer realistischen und effektiven Punkterzielung führen.

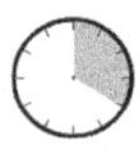

Vertiefungsphase

- Nachdem mögliche Angriffsmuster zusammengetragen wurden, sollte den Schülern Zeit eingeräumt werden, um diese Taktiken in einer erneuten Spielphase zu erproben. Da nicht alle Gruppen mit guten Ergebnissen aus der Erarbeitungsphase gehen, sollte auch diesen Gruppen nach der Sicherungsphase eine weitere Erprobungszeit eingeräumt werden.
- Weiterhin ist es wichtig, den Schülern und Teams ausreichend Zeit zu gewähren, ihr Angriffsspiel zu verbessern. Ein verbessertes Angriffsspiel ist nicht innerhalb kürzester Zeit zu erlangen, sondern benötigt ausreichend Wiederholungen und Angriffe. Dabei sind hin und wieder Impulse von der Lehrperson, Schülerexperten oder Coachs sehr hilfreich. Um diese Impulse gewinnbringend einzubauen, sind teaminterne Reflexionsphasen zwischen den Spielen oder beim Zuschauen zu empfehlen. Ein weiterer Aspekt, der für eine Verlängerung der Spielzeit spricht ist, dass der Spaß am sportlichen Tun ein wichtiger Faktor beim Lernen im Sportunterricht ist und dieser häufig beim Spielen zur Geltung kommt

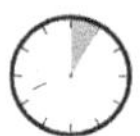

Abschluss/Reflexion und Ausblick

- Zum Stundenende wird die ritualisierte Prozessreflexion durchgeführt, in deren Zuge der nächste Entwicklungsschritt festgehalten wird. Mögliche Reflexionsfragen sind:
  - Wurde das zu Beginn der Stunde aufgestellte Ziel erreicht? Begründe deine Meinung.
  - Erläutere, was das Thema für die nächste Stunde sein könnte.
- Nach der Thematisierung der Offensivtaktiken ist die Befassung mit der Defensive als nächster Lernschritt die logische Konsequenz.

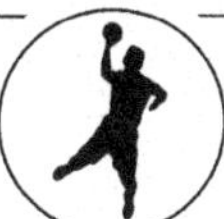

Tippkarte Angriffstaktiken

Tipps für die Erarbeitung von Angriffstaktiken:

Die folgenden Fragen helfen euch, Angriffstaktiken zu entwickeln:

- Wie könnt ihr Werfen, damit es dem Gegner schwer fällt die Würfe zu verteidigen?
- Was könnt ihr machen, damit der Gegner von eurem Angriffsspiel überrascht wird?
- Ist ein schnelles Angriffsspiel mit schnellen Richtungswechseln schwerer oder leichter zu verteidigen für den Gegner?

Einzeichnen von Taktiken

Erläuterungen/Hinweise:

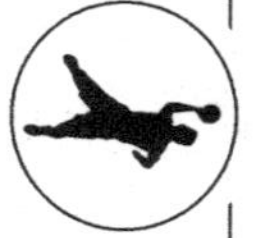

Arbeitsaufträge Offensivtaktiken

1. Lernschritt **Ziel: Entwickeln von Angriffstaktiken**	2. Lernschritt **Ziel: Erproben der Angriffstaktiken**	3. Lernschritt **Ziel: Verbessern der Angriffstaktiken**	4. Lernschritt **Ziel: Erproben der neuen Angriffstaktiken**
Aufgabe: → **Überlegt**, wie ihr beim Tchoukball bestmöglich **Punkte** erzielen könnt. → **Entwickelt** als Team sinnvolle **Angriffstaktiken** für das nächste Spiel. → **Schreibt** diese Angriffstaktiken auf. → Wenn ihr Anregungen braucht, könnt ihr die **Tippkarten** nutzen. **5 Minuten**	**Aufgabe:** → **Probiert** eure Angriffstaktiken im **Spiel** gegen ein anderes Team aus.	**Aufgabe:** → **Verbessert** eure **Angriffstaktiken** für das nächste Spiel. → Wenn ihr Anregungen braucht, schaut auf die **Tippkarten**. **5 Minuten**	**Aufgabe:** → **Probiert** eure neuen, verbesserten **Angriffstaktiken** gegen ein weiteres Team aus.

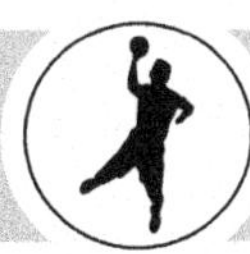

5. Doppelstunde: „Die Offensive gewinnt Spiele, die Defensive den Tchoukball-Cup!"Kooperative Erarbeitung von Verteidigungsstrategien

Ziel/Leitidee:
Verbesserung des Defensivverhaltens im Tchoukball
Klassenstufe:
Sekundarstufe I + II
Vorbereitung/Material:
Spielfeld aufbauen, zwei Tchoukballrahmen, Zonen, Ball, Leibchen, *Advance Organizer*, KV Einzeichnen von Taktiken
Sozialform:
Gruppenarbeit, Plenumsphasen
Kompetenzbereich:
Eigenständiges Lernen, Methodenkompetenz, Bewegungs- und Wahrnehmungskompetenz, Sozialkompetenz

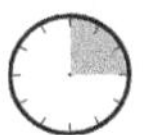

Erwärmung/offener Einstieg

- Die Schüler erwärmen sich beim Spielen des Spiels Zombieball, welches als bekannter offener Einstieg durchgeführt wird.
- Alternativ können die bekannten Teams sich eigenständig in Teams aufwärmen, um den Teamgedanken und die Eigenständigkeit im sportlichen Handeln weiter zu fördern.

Einführung

- Das Thema der heutigen Stunde, das Verbessern des Defensivverhaltens, wird anhand des *Advance Organizers* hergeleitet.
- Zu Beginn der Stunde wird das Vorwissen der Schüler aktiviert, um auf bereits bekannte Defensivtaktiken zurückzugreifen und ihre Eignung für Tchoukball zu überprüfen. Den Schülern sind die Mann- und Raumdeckung aus anderen Mannschaftssportarten bekannt. Die Manndeckung scheidet logischerweise aus, sodass beim Tchoukball der Raum verteidigt wird und zwar der Raum in der Nähe der Zone, wo der Ball auf den Boden fallen kann nach einem gegnerischen Wurf und zu einem Punktgewinn des Gegners führen kann.
  - Impulsfrage: Welche Verteidigungstaktiken kennt ihr bereits? Erläutert, inwiefern sich diese für Tchoukball eignen.

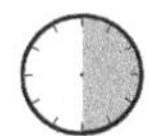

Erarbeitungsphase

- Die Entwicklung eines angemessenen Defensivverhaltens im Tchoukball läuft im bekannten Muster ab, dass die Schüler sich eine Strategie überlegen und diese im Spiel erproben.
- Die Instruktion dazu kann mündlich oder schriftlich (Tafel oder Arbeitsblatt) erfolgen. Dabei kann man sich an den Arbeitsblättern der Vorstunde (KV *Arbeitsaufträge*, S. 32) orientieren.

- Nach der kurzen kognitiven Phase des Festhaltens einer Defensivstrategie, zu der die KV *Einzeichnen von Taktiken* (S. 31) genutzt werden kann, spielen die Teams gegeneinander und erproben ihre Defensivstrategien.

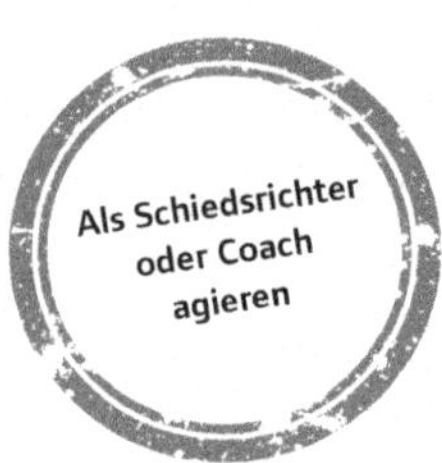

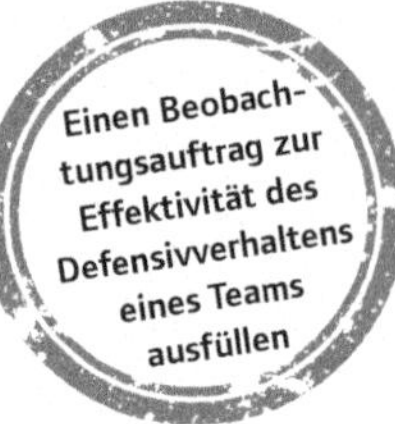

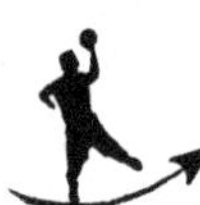

Für Einsteiger und Profis (Differenzierung)

- Sollten leistungsstarke Teams kaum in die Gelegenheit kommen ihre Defensivstrategien zu testen, da sie meistens im Angriff sind, kann wie in der Vorstunde ein Modus gewählt werden, der das Angriffs- und Verteidigungsrecht für wenige Minuten für die einzelnen Teams festlegt, damit alle Teams sowohl verteidigen als auch angreifen müssen.
- Wie im Verlauf des gesamten Unterrichtsvorhabens können leistungsstärkere Experten als (spielende) Coachs eingesetzt werden. Insbesondere beim Defensivverhalten der Mannschaften ist eine gute Kooperation und Kommunikation unverzichtbar, sodass diese Spieler ungemein wichtig für ihre Mannschaften sind und Mitschülern als Hilfe dienen.

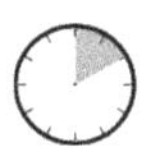

Sicherungsphase

- In der Sicherungsphase nach der Erarbeitung von Defensivstrategien werden Aspekte gesammelt, die handlungsleitend für das Defensivverhalten sind.
- Mögliche Impulsfragen:
  - Welche Räume sollten bei der Verteidigung im Tchoukball auf jeden Fall besetzt werden?
  - Woran sollten sich Verteidiger orientieren, um Bälle abzuwehren?
- Handlungsleitende Aspekte beim Defensivverhalten im Tchoukball:
  - Raumdeckung in der Nähe der Zone
  - Orientierung am Werfer und Wurfwinkel (Antizipation des abprallenden Balles)
  - Gute Kommunikation im Team
  - Verteidigungshaltung des Spielers: tief gehen und den Ball nach oben befördern
- Vor allem beim letzten Aspekt bedarf es unter Umständen der gezielten Fragestellung der Lehrperson. Die Lehrperson als Experte sollte den Schülern vermitteln, dass das Fangen eines hart geworfenen Balles häufig schwierig ist und daher das nach oben Fausten, Baggern oder Ablenken des Balles hilfreich ist, da ein Mitspieler diesen Ball leichter fangen kann. Für eine solche Rettungsaktion ist es häufig erforderlich, bereits tief in der Hocke vor der Zone zu stehen, um flach aus dem Netz prallende Bälle noch erreichen zu können.

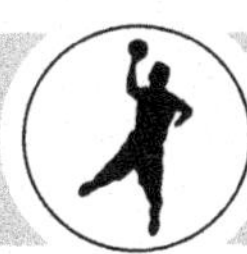

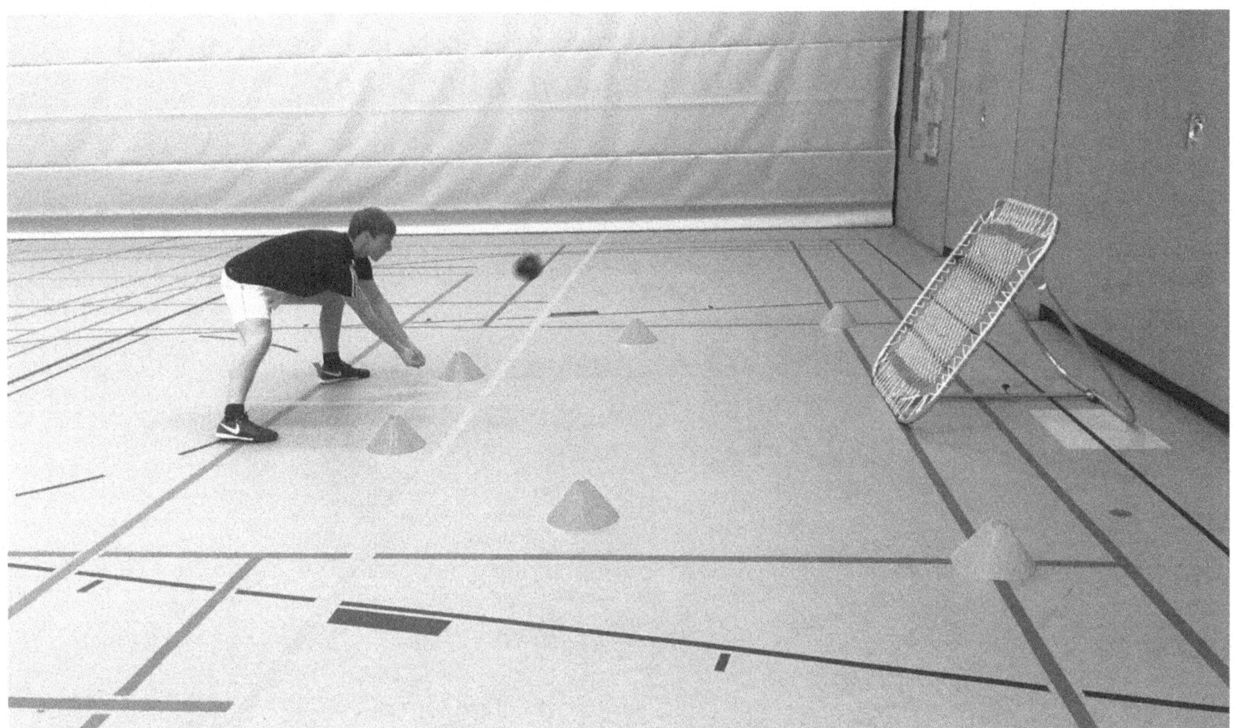

Verteidigungshaltung bei tiefen Bällen

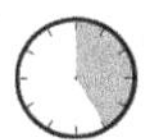

Vertiefungsphase

- Wie bereits bekannt, sollte den Schülern eine Spielphase eingeräumt werden, um die erworbenen Lerninhalte zu erproben und zu festigen.
- Da es die letzte Stunde vor der das Unterrichtsvorhaben beschließenden Leistungsmessung ist, sollte den Schülern ausreichend Zeit eingeräumt werden, um sich in den Mannschaften gut einzuspielen und auch Inhalte aus den vorherigen Stunden zu wiederholen.
- Nicht-spielende Teams können wie gewohnt Beobachtungsaufträge ausfüllen, um den spielenden Mannschaften hilfreiche Tipps bezüglich ihres Defensivverhaltens zu geben.
- Spielpausen können für teaminterne Taktikreflexionen genutzt werden, um bestehende Schwierigkeiten zu beheben und das Spielniveau zu steigern.

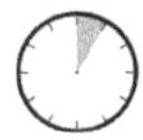

Abschluss/Reflexion und Ausblick

- Abschließend findet die gewohnte Prozessreflexion über das Erreichen des Stundenziels statt.
- Anhand des *Advance Organizers* wird den Schülern die Lernprogression über den Verlauf des Unterrichtsvorhabens verdeutlicht und bereits eine spannende Stimmung und Vorfreunde im Hinblick auf die nächste Stunde (Turnier) erzeugt.

6. Doppelstunde: „Tchoukball-Cup" Anwendung des Erlernten und Leistungsbewertung unter Wettkampfbedingungen

Ziel/Leitidee:
Leistungsbewertung unter Wettkampfbedingungen, Evaluation des Unterrichtsvorhabens
Klassenstufe:
Sekundarstufe I + II
Vorbereitung/Material:
Spielfeld aufbauen, zwei Tchoukballrahmen, Zonen, Ball, Leibchen, *Advance Organizer*, KV Selbstevaluationsbogen, Turnierplan vorbereiten
Sozialform:
Gruppenarbeit, Plenumsphasen
Kompetenzbereich:
Selbstständigkeitsförderung, Bewegungs- und Wahrnehmungskompetenz, Sozialkompetenz, Urteilskompetenz

Einführung

- In der abschließenden Unterrichtseinheit findet zunächst die kognitive Einführung statt. Dieser Wechsel in der Phasenstruktur der Unterrichtsstunde verdeutlicht den Schülern, dass es eine besondere Stunde ist. Es empfiehlt sich, eine gespannte Stimmung zu erzeugen, um dem abschließenden Turnier mit Leistungsbewertung einen entsprechenden Rahmen zu geben und die Schüler noch weiter zu motivieren. Trotz der gespannten Stimmung sollte auf den beim Tchoukball dazugehörenden Fair-Play-Gedanken hingewiesen werden.
- Mithilfe des Advance Organizers wird das Stundenthema hergeleitet und zum Abschluss des Unterrichtsvorhabens die Lernprogression verdeutlicht.
- Die für die Leistungsbewertung genutzten Kriterien sollten den Schülern frühzeitig bekannt gegeben werden. Folgende Kriterien bieten sich an, können aber selbstverständlich ergänzt oder ausgetauscht werden:
  - Technische Fertigkeiten
    - Fangen → Verteidigen
    - Werfen → Angreifen
    - Passen
  - Taktisches Verhalten
    - Verhalten mit Ball
    - Verhalten ohne Ball
    - Kooperation in der Gruppe
  - Beteiligung am Unterricht
    - Arbeitshaltung
    - Soziales Lernen

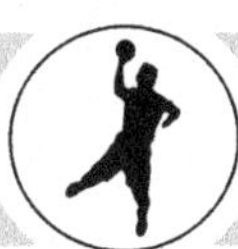

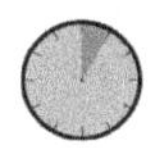

Erwärmung

- Die Teams erwärmen sich eigenständig und teamintern, sodass sie wie in einem richtigen Wettkampf die Möglichkeit haben sich bereits kognitiv und sportspielspezifisch aufeinander einzustellen.

Erarbeitungsphase

- Die bereits zu Beginn des Unterrichtsvorhabens gebildeten Teams spielen in einem Turnier (jeder gegen jeden und K.-o.-Runde) den Klassensieger aus. Zur Anschauung für die Organisation sind exemplarische Turnierpläne leicht im Internet zu finden.
- Sollte ein geringeres Zeitkontingent zur Verfügung stehen, kann ein Turnier direkt im K.O.-System beginnen und somit schneller ein Sieger hervorgebracht werden.
- Während des Turniers können die spielfreien Zeiten der Mannschaften zum einen für teaminterne Taktikbesprechungen genutzt werden und zum anderen Selbstevaluationsbögen ausgefüllt werden (KV *Selbstevaluationsbogen*, S. 38). Auf dem beiliegenden Arbeitsblatt können die Schüler ihre Leistungen in verschiedenen Kategorien einschätzen. Die Lehrperson kann diese Eindrücke mit ihren eigenen Einschätzungen vergleichen, um ein möglichst umfassendes Bild über die einzelnen Schüler zu erlangen.
- Der Selbstevaluationsbogen bzw. die oben genannte Kriterien können der Lehrperson bei der Notenfindung helfen. Da sich das Unterrichtsvorhaben durch eine hohe Selbstständigkeit im Schülerhandeln auszeichnet, sind im Verlaufe der Unterrichtseinheiten viele Gelegenheiten vorhanden, um sich Notizen über die Leistungsfähigkeit der einzelnen Schüler anzufertigen.

Als Coaches oder Schiedsrichter agieren

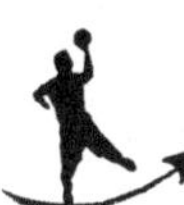

Für Einsteiger und Profis (Differenzierung)

- In Lerngruppen mit einem starken Leistungsgefälle kann ein Turniermodus gewählt werden, in dem leistungsstärkere Teams untereinander spielen und die weniger leistungsstarken Mannschaften ein eigenes kleines Turnier ausspielen. Besser ist jedoch, wenn die Mannschaften leistungsheterogen eingeteilt sind, damit alle Schüler, ohne jegliche Abstufungen, an einem Turnier teilnehmen.

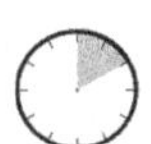

Abschluss/Reflexion

- In einem feierlichen Rahmen werden die siegreichen Schüler geehrt. Dabei müssen nicht nur die besten Teams gelobt werden, sondern auch ein Fair-Play-Preis, der beste Schiedsrichter und der beste Coach können ausgezeichnet werden.
- Abschließend sollte den Schülern die Möglichkeit gegeben werden, das Unterrichtsvorhaben zu evaluieren. Für die Abfrage von positiven sowie verbesserungswürdigen Aspekten können sowohl mündliche als auch schriftliche Evaluationsmethoden angewandt werden.

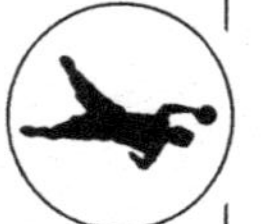

Selbstevaluationsbogen

Bitte schätze deine eigene Leistung ein und kreuze an:

Spielverhalten	sehr gut	eher gut	weniger gut	ausbaufähig
◎ Technische Fertigkeiten				
◎ Taktisches Verhalten				
Beteiligung am Unterricht	sehr gut	eher gut	weniger gut	ausbaufähig
◎ Soziales Lernen (Verhalten in Gruppenarbeit und im Spiel)				
◎ Arbeitshaltung (z. B. Übernahme von Verantwortung im Team und in Diskussionen)				
Gesamteindruck				

Kommentar/Begründung:

Was ist Ultimate?

Ultimate oder auch Ultimate Frisbee ist ein körperloses Mannschaftsspiel, in welchem zwei Teams gegeneinander spielen und versuchen, eine Flugscheibe (Frisbee) in die Endzone der gegnerischen Mannschaft zu passen, um einen Punkt zu erzielen. Ultimate ist also ein sogenanntes Endzonenspiel. Dabei darf das Spielgerät für einen Raumgewinn nur gepasst werden, ein Laufen mit der Frisbee stellt einen Regelverstoß dar. In offiziellen Spielen bestehen die Teams aus 7 Feldspielern. Das Spielfeld ist 100 Meter lang und 37 Meter breit, wobei es sich in zwei End-zonen mit einer jeweiligen Länge von 18 Metern und einem Spielfeld von 64 Metern Länge zwischen den Endzonen unterteilt.

Ultimate wurde erst in den 1960er Jahren in den Vereinigten Staaten erfunden und erfreut sich vor allem in Nordamerika immer größerer Beliebtheit; aber auch in Europa erlangte sie in den letzten Jahren einen größeren Bekanntheitsgrad und ist daher klar als Trendsportart zu bezeichnen. So werden beispielsweise Weltmeisterschaften, Europameisterschaften aber auch deutsche Meisterschaften in dieser Sportart ausgetragen.

Ultimate zeichnet sich vor allem durch den „Spirit of the Game", den Sportsgeist des Spiels aus. Dieser besagt, dass sich alle Spieler im Sinne des Fair Play zu jeder Zeit respektvoll und verantwortungsvoll verhalten. Dies zeigt sich zum Beispiel darin, dass Ultimate ohne Schiedsrichter gespielt wird, Regelverstöße wie Fouls werden durch die Spieler selbst angesagt (sog. Calls, siehe auch KV S. 46); alle Mitspieler sind daher für ein faires Miteinander verantwortlich.

Warum eignet sich Ultimate für den Schulsport?

Die herausgehobene Stellung des „Spirit of the Game" macht Ultimate zu einem idealen Spiel für den Schulsport. Die Werte des Fair Play stehen in diesem Spiel an erster Stelle. Im Laufe des Spiels erlernen die Schüler, selbstständig Regelverstöße anzusagen und diese zu klären. Auf diese Weise wird das Miteinander und das Verantwortungsbewusstsein der Schüler gestärkt. In Ultimate ist der Körperkontakt im Spiel untersagt, damit unterscheidet es sich von den herkömmlichen europäischen Mannschaftssportarten wie Fußball oder Handball und eignet sich hervorragend für koedukative Schulklassen. Ultimate stellt eine Sportart dar, für die nur vereinzelte Schüler vorab Fähigkeiten und Fertigkeiten mitbringen werden. Für die meisten stellt die Spielidee (Endzonenspiel) und das Spielgerät (Frisbee) eine neue Herausforderung mit hohem Aufforderungscharakter dar. Alle Schüler beginnen auf dem selben Spiellevel, das die Vermittlung der Sportart für den Lehrer vereinfacht. Die Basistechniken des Spiels im Werfen und Fangen können schnell erlernt, die Spielidee in den folgenden Stunden zügig vermittelt werden. So sind Fortschritte für die Schüler schnell erkennbar, was die Motivation der einzelnen Schüler fördert.

Ultimate ist eine Mannschaftssportart, in der nur ein Punkt erzielt werden kann, wenn das komplette Team aktiv mitarbeitet: Alleingänge sind nicht möglich. Jeder Schüler erhält im Team eine wichtige Aufgabe und wird so aktiv in das Spiel einbezogen. Im späteren Verlauf der Reihe werden die Schüler dazu aufgefordert, eigene Taktiken für die Offensive und Defensive umzusetzen. Die Schüler werden somit dazu angehalten, im Team konstruktiv mitzuarbeiten um erfolgreich zu sein.

Zum Spielgerät muss an dieser Stelle gesagt werden, dass sich das Zielspiel nur mit Wurfscheiben spielen lässt, die über genügend Gewicht (z. B. 175 Gramm) und gute Flugeigenschaften verfügen. Mit kostengünstigen und qualitativ minderwertigen Scheiben gelingen selbst den besten Spielern keine weiten Pässe, ebenso halten diese dem Wind nicht stand. Diese Eigenschaften führen schnell zu frustrierten Schülern.

Das Spiel stammt aus dem amerikanischen Raum, daher sind viele Begrifflichkeiten ebenfalls in Englisch; diese können jedoch ohne Probleme durch deutsche Begriffe ersetzt werden. In diesem Buch werden daher Begriffe in beiden Sprachen genannt.

Aufbau und Vorgehen des Unterrichtsvorhabens

Das Unterrichtsvorhaben folgt der Idee des spielgemäßen Konzeptes. Zu Beginn wird die notwendige Technik erlernt, woraufhin die Idee des Zielspiels erarbeitet wird. Vorbereitende Übungen dienen dabei zur Entwicklung des Spiels und zur Festigung der Techniken. Daran anschließend werden Taktiken für die Offensive und Defensive erarbeitet und abschließend in einem Turnier erprobt.
Ultimate lässt sich am besten im Freien spielen. Zu Beginn des Vorhabens kann auch die Halle als Spielort verwendet werden, die Schüler gewinnen jedoch der Erfahrung nach in den Wurftechniken schnell an Sicherheit, sodass beispielsweise ein Hallendrittel zu wenig Platz für ein Spielfeld bietet; auch lange Pässe in den Lauf eines Mitspielers machen den Reiz dieses Spiels aus, und werden von den Schülern gerne erprobt. Daher ist es nur zu empfehlen, die Unterrichtsreihe an der frischen Luft durchzuführen.
Die in diesem Heft abgebildete Unterrichtsreihe richtet sich aufgrund der Komplexität und des schnellen Fortschreitens generell an die Oberstufe. Die einzelnen Übungs- und Spielformen sind auch in der Unter- und Mittelstufe einsetzbar, erfahrungsgemäß benötigen jüngere Schüler jedoch mehr Zeit, das Spiel zu verstehen und die Flugeigenschaften des Sportgeräts richtig einzuschätzen, sodass die erfolgreiche Umsetzung des Zielspiels deutlich mehr Einheiten erfordert.

Die Unterrichtsreihe im Überblick

Unterrichtseinheit (je 90 min)	Thema	Material/Kopiervorlagen
1. Doppelstunde	Einführung in Ultimate – Spirit of the game: Grundregeln und Basistechniken	▪ KV Wurf- und Fangtechnik ▪ KV unsere Regeln und Calls ▪ KV Beobachtungsauftrag
2. Doppelstunde	Ultimate – Erarbeitung des Zielspiels	▪ KV Übungsform Basistechniken & neue Wurftechnik ▪ KV Zielspiel Ultimate
3. Doppelstunde	Offensivtaktik – Erlernen der Individual- und Teamtaktik in der Offense	▪ KV Taktikelemente Offense ▪ KV Offense-Aufstellung & Beobachtungsauftrag
4. Doppelstunde	Defensivtaktik – Erlernen der Individual- und Teamtaktik in der Defense	▪ KV Taktikelemente Defense ▪ KV Defense-Aufstellung & Selbstreflexion
5. Doppelstunde	Technikabnahme: Überprüfung der Technikelemente in Übungsformen	▪ Erwartungshorizont Leistungsbewertung
6. Doppelstunde	Abschlussturnier – Überprüfung der Technik und Taktik im Wettkampf	

1. Doppelstunde: Ultimate – Spirit of the Game: Grundregeln und Basistechniken

Ziel/Leitidee:
Erwerb der Basistechniken des Werfens und Fangens in der Sportart Ultimate
Klassenstufe:
Sekundarstufe II
Vorbereitung/Material:
Möglichst viele Frisbees, 4 Hütchen pro Spielfeld, Leibchen, Stifte, Arbeitsblätter kopieren, Spielfelder mit Hütchen abstecken, *Advance Organizer* vorbereiten
Sozialform:
Partner- und Gruppenarbeit, Reflexionsphasen im Plenum
Kompetenzbereich:
Bewegungs- und Wahrnehmungskompetenz (Erlernen neuartiger Bewegungen)
Sozialkompetenz (Spielen und Absprachen im Team)

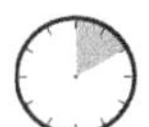

Einführung

- Zum Einstieg in das Unterrichtsvorhaben empfiehlt sich ein offener Stundenbeginn: Die Frisbees liegen für die Schüler bereit; diese können vorab die neuen Spielgeräte begutachten und das Werfen und Passen der Flugscheibe unvoreingenommen ausprobieren, bis alle Schüler eingetroffen sind. Achten Sie dabei aus Sicherheitsgründen auf eine Gassenaufstellung der Schüler. Nachdem das Thema von Lehrerseite vorgestellt wurde, können die Schüler nach Vorerfahrungen gefragt werden, welche je nachdem in das Unterrichtsvorhaben implementiert werden können.

- Zudem eignet sich zu Beginn die Einführung eines *Advance Organizer*: dieser bietet den Schülern schon ganz zu Anfang eine übersichtliche Ordnung der Ultimate-Reihe. Anhand dieses Organizers können ebenso zum Ende der einzelnen Einheiten, auch von Schülerseite, Fortschritte und aufgetretene Probleme reflektiert und diskutiert werden. Stellen Sie mithilfe des *Advance Organizer* das Thema der ersten Einheit vor.
- Der Ablauf der ersten Einheit steht exemplarisch für die folgenden Einheiten. Zu Beginn erfolgt eine Erwärmung und eine Übungsform, die dann in einem Spiel erprobt wird. Fortschritte oder Probleme werden in wiederkehrenden Reflexionsphasen gemeinsam mit der Klasse reflektiert.

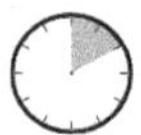

Erwärmung

- Die motorische Erwärmung erfolgt über ein klassisches Fangspiel, jedoch mit dem Einsatz der Frisbee. Zu diesem Zweck wird die Klasse in 5er-, 6er- oder 7er Gruppen eingeteilt. Jede Gruppe bekommt ein Quadrat zugewiesen, welches mindestens 6 × 6-Meter groß sein sollte (am besten durch Hütchen abgesteckt). Jede Gruppe spielt nun das Fangspiel für sich. Dabei muss ein Schüler der Gruppe, der Gejagte, von den anderen, also den Jägern, gefangen werden:
  - Der Gejagte gilt als gefangen, wenn er mit der Frisbee berührt wurde. Der Jäger muss dabei die Frisbee in der Hand halten. Der Gejagte darf also nicht abgeworfen werden.
  - Die Jäger dürfen mit der Frisbee in der Hand einen Sternschritt ausführen, weitere Schritte sind mit der Frisbee in der Hand nicht erlaubt.
  - Der Schüler, der den Gejagten mit der Frisbee berührt, wird der nächste Gejagte.
  - Jeglicher direkte Körperkontakt ist verboten!
- Im Erwärmungsspiel können die ersten „Calls" von der Lehrkraft eingeführt werden. Als „Calls" bezeichnet man die Ansagen der Spieler während des Spiels, um z. B. auf Regelverstöße aufmerksam zu machen.
  - *Freeze!:* Das Spiel soll unterbrochen werden, alle Spieler an Ort und Stelle stehen bleiben, also einfrieren. Der Call dient dazu, dass Spiel zu unterbrechen, wenn kein Foul geschehen ist, aber zum Beispiel die Frisbee einer anderen Gruppe im eigenen Spielfeld landet. Sie können diesen Call im weiteren Verlauf der Einheit benutzen, um in Übungs- und Spielphasen weitere Instruktionen zu geben.
  - *Play On!:* Mit diesem Call wird der Freeze aufgelöst. Der Call darf in Spielformen nur vom verteidigenden Team (hier Gejagte) angesagt werden. Weitere Calls kommen in den folgenden Spielformen hinzu.

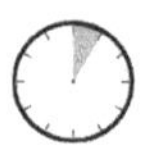

Zwischenreflexion

- Nachdem die Schüler diese Spielform erprobt haben, werden einige von Ihren Schülern feststellen, dass ihnen das Werfen und Fangen noch einige Probleme bereitet. In einer kurzen Zwischenreflexion können Probleme und Schwierigkeiten mit dem ungewohnten Spielgerät benannt werden.
- Mögliche Reflexionsimpulse:
  - Ist es euch gelungen, den Gejagten oft zu fangen?
  - Erläutert die Probleme, die aufgetaucht sind.
  - Was muss verbessert werden, um die Gejagten häufiger zu fangen?
- Da alle weiteren Spiele auf eine sichere Wurf- und Fangtechnik aufbauen, eignet es sich an dieser Stelle, diese Techniken gezielt zu üben.

Erarbeitungsphase I

- Im Zielspiel muss es jedem Teammitglied möglich sein, einen sicheren Pass zu spielen und einen gut gespielten Pass sicher aufzunehmen. Die Beherrschung dieser Basistechniken ist daher Voraussetzung für ein gelingendes und freudvolles Ultimate-Spiel.
- Um den Schülern die korrekten Techniken zu vermitteln, wird ihnen das Arbeitsblatt *Wurf- und Fangtechnik* (KV S. 48) paarweise ausgehändigt. Nachdem das Arbeitsblatt im Plenum erläutert, und Fragen geklärt sind, erhalten die Schüler die Gelegenheit, die Techniken mit ihrem Partner zu erproben. Falls Sie nicht genügend Frisbees zur Verfügung haben, erweitern Sie die Paare zu Dreier- oder Vierergruppen. Stellen Sie die Schüler aus Sicherheitsgründen wieder in einer Gasse auf. Es wird immer nur von der Startposition geworfen.

Ausfüllen des Arbeitsblatts

Mitschüler in Wurf- und Fanghaltung korrigieren

Für Einsteiger und Profis (Differenzierung)

- Lernstarke Schüler können, bevor die Klasse die Gelegenheit zur Erprobung der Techniken bekommt, vorab als Modell beispielsweise den Rückhandwurf und das beidhändige Fangen präsentieren. Das Lernen am Modell stellt für viele Schüler eine große Hilfe dar. Nutzen Sie die Zeit des Fangspiels und beobachten Sie, welche Schüler sich zu diesem Zweck eignen.
- Erfahrungsgemäß haben manche Schüler zu Beginn Schwierigkeiten mit der korrekten Wurftechnik. Nutzen Sie lernstarke Schüler und setzen Sie diese als Nachhilfe-Lehrer ein. Lernstarke Paare können zudem die Distanz zwischen sich erhöhen und somit die Aufgabe erschweren.

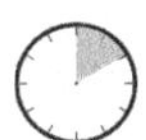

Erarbeitungsphase II

- Das bisherige Gelernte kann in der Übungsform Nummernpassen erprobt werden. Dazu wird die Klasse in 5er-, 6er- oder 7er-Teams eingeteilt. Je zwei Teams erhalten zusammen ein größeres Spielfeld, jedes Team eine Frisbee. Ziel ist es, die Frisbee möglichst oft im eigenen Team zuzupassen.
  - Jedes Teammitglied erhält eine Nummer, in der entsprechenden Reihenfolge wird sich die Frisbee zugepasst.
  - Jeder erfolgreiche Pass wird von allen Mitgliedern laut mitgezählt, angefangen bei 1 (dies ist wichtig, im späteren Verlauf müssen die Schüler selbstständig Calls laut ansagen)
  - Fliegt die Frisbee ins Aus oder berührt den Boden, muss mit dem nächsten erfolgreichen Pass wieder mit „1" begonnen werden.
  - Jedes Team spielt für sich, ein Eingreifen des anderen Teams im Feld ist verboten.
- Es empfiehlt sich an dieser Stelle schon, feste 5er-, 6er- oder 7er-Teams für die komplette Unterrichtsreihe zu bilden. Feste Teams haben den Vorteil, dass Taktiken fest eingeübt werden können. Zudem ist in einer festen Gruppe jedes Teammitglied für den Erfolg der eigenen Mannschaft verantwortlich. Eigens kreierte Teamnamen von Schülerseite aus erhöhen ebenfalls die Motivation.
- Ebenso lohnt es sich, dass jedes Team eine Arbeitsmappe für die Reihe anlegt, in welcher anschließend alle Materialien gesammelt werden können. Jede Gruppe hat so ihr Arbeitsmaterial zukünftig schnell zur Hand.

Erarbeitungsphase III

- Zum Abschluss erhalten die Schüler die Gelegenheit, ihre Fähigkeiten im Spiel gegeneinander auszuprobieren. Dazu wird das Spiel ***Parteifrisbee***, in Anlehnung an Parteiball, gespielt.
  - Es spielen 2 Teams auf einem Spielfeld gegeneinander. Das Ziel ist es, einen Punkt zu erzielen, indem 5 vollständige Pässe im Team gespielt werden, ohne dass das gegnerische Team die Frisbee erobern kann.
  - Hat ein Team einen Punkt erzielt, wechselt der Scheibenbesitz. Es sind weder Doppelpässe noch das übergeben der Frisbee im eigenen Team erlaubt.
- Teilen Sie, nachdem Sie das Spiel erläutert haben, das Arbeitsblatt *Reflexion der Regeln und Calls* (KV S. 46) für jedes Team aus und besprechen es mit den Schülern. Gehen Sie explizit darauf ein, dass Ultimate ohne Schiedsrichter gespielt wird und weisen Sie darauf hin, dass die Schüler fair und umsichtig miteinander umgehen sollen. Kommt es dennoch zu einem Regelverstoß kann der benachteiligte Schüler dies selbst ansagen.
  - Zur Regel des Verbots des Körperkontaktes: leichte, beiläufige Berührungen sind nicht als Foul zu ahnden. Sensibilisieren Sie Ihre Schüler hinsichtlich dieser Regel, sodass der Spielfluss im weiteren Verlauf nicht zu oft unterbrochen wird.
- Gruppen, die eine Spielpause erhalten, bearbeiten den Beobachtungsbogen *Regeleinhaltung* (KV S. 46): Durch das Arbeitsblatt soll eine Sensibilisierung bezüglich der Regeln und des Spielens ohne Schiedsrichter erfolgen. Ebenso soll es dazu dienen, den Einsatz der Calls zu automatisieren.
- Passive Schüler können in dieser Phase als Beobachter eingesetzt werden. Ihre Aufgabe ist es, das Spiel hinsichtlich der Einhaltung der Regeln und Benutzung der Calls zu beobachten (Benutzung der KV Beobachtungsbogen *Regeleinhaltung* S. 46).

Als Beobachter fungieren

Vorstellen der Beobachtungen in der Reflexionsphase

Für Einsteiger und Profis (Differenzierung)

- Lernstarke Teams können die Anzahl der Pässe erhöhen, um einen Punkt zu erzielen.
- Ebenso kann die optionale Regel *Anzählen* bei stärkeren Gruppen schon in dieser Phase angewendet werden. Diese Regel erhöht den Spieldruck und zwingt die Schüler zu schnelleren Entscheidungen. Lernschwächere Gruppen können diese Regel erst einmal außer Acht lassen und zu einem späteren Zeitpunkt einführen.
- In der anschließenden Reflexion können sie ihre Erkenntnisse mit dem Rest des Kurses teilen.

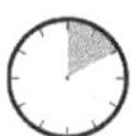

Abschluss/Reflexion

- In der abschließenden Reflexion kann der Inhalt der ersten Einheit von den Schülern gedanklich durchdrungen und Lernfortschritte kritisch reflektiert werden. Zu diesem Zweck kann wiederum der *Advance Organizer* eingesetzt werden, der den Schülern das Ziel der ersten Einheit vor Augen führt.

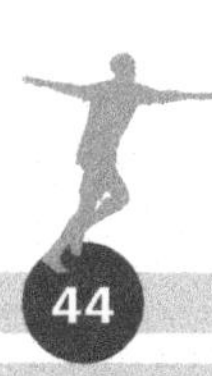

- Haben die Gruppen bisher keine Gelegenheit erhalten, sich eine gegenseitige Rückmeldung auf Grundlage des Beobachtungsbogens zu geben, sollte dies nun geschehen. Geben Sie den Schülern dazu einige Minuten Zeit.
- Nachdem die Schüler selbständig auf der Ebene der Sozialkompetenz das Spiel ohne Schiedsrichter und das Einhalten der Regeln reflektiert haben, können die wichtigsten Erkenntnisse zur Sprache kommen. Ebenso soll der Erwerb der technischen Fähigkeiten kritisch reflektiert werden. Dies gibt Ihnen Aufschluss darüber, in welchem Umfang die Techniken in den nächsten Einheiten thematisiert werden müssen.
- Mögliche Reflexionsimpulse:
  – Erläutert bitte, ob das Spiel ohne Schiedsrichter gelungen ist. Wurden die Regeln eingehalten?
    · Falls ja, warum ist dies gut gelungen?
    · Falls nein, was müssen wir verbessern, damit uns dies gelingt?
  – Beurteilt, ob wir das Ziel Erlernen der Wurf- und Fangtechnik im Ultimate erreicht haben.
    · Woran müssen wir in den nächsten Stunden noch arbeiten?
- Zum Abschluss erfolgt ein Ausblick auf die kommende Stunde: Das Erlernen des Zielspiels Ultimate.

Beispiel für einen *Advance Organizer*

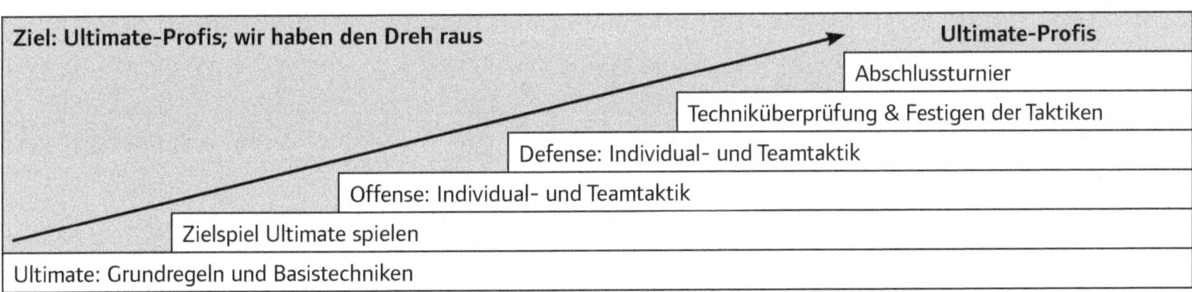

Ziel: Reflektion der Regeln und Calls

Beobachtet das Team: ______________________________

Bearbeitet anschließend im Team folgende Aufgaben. Nutzt das Regelblatt als Hilfe zur Beantwortung der Fragen.

Einhaltung der Regeln

1. Beurteilt, ob das Team die Regeln einhält:

Die Einhaltung der Regeln gelingt: ☐ *sehr gut* ☐ *gut* ☐ *befriedigend* ☐ *schlecht*

2. Haltet fest, welche Regeln zukünftig besser beachtet werden sollen:

____

____

____

Fortsetzung des Spiels nach Regelverstößen

1. Beurteilt, ob ein konfliktfreies weiterspielen nach Regelverstößen gelingt:

Das Weiterspielen gelingt: ☐ *sehr gut* ☐ *gut* ☐ *befriedigend* ☐ *schlecht*

2. Falls Nein: Sammelt Vorschläge für ein besseres Zusammenspiel!

____

____

____

Anwendung der Calls

1. Bewertet in welcher Häufigkeit Calls im Spiel verwendet werden:

☐ zu häufig ☐ genau richtig ☐ zu selten ☐ gar nicht

2. Haltet fest, welche Calls zu häufig oder zu selten verwendet werden:

____

____

Erläutert dem Team in der Reflexionsphase eure Beobachtungen!

Ultimate – Fair Play als oberste Regel!

Unsere Regeln

- Kein Körperkontakt!
- Nach Fangen der Frisbee: 3 Abbrems-Schritte erlaubt.
- Frisbee in der Hand: nur Sternschritt erlaubt.
- Armlänge Abstand vom Werfer.
- Schlagen der Frisbee aus der Hand ist verboten.

Wechsel des Angriffsrechts (Turn Over)

- Die Frisbee landet auf dem Boden.
- Die Frisbee landet im Aus oder wird im Aus gefangen (Out).
- Das verteidigende Team (Defense) fängt die Frisbee.
- Die Frisbee wird von der Defense zu Boden geschlagen.

Bei Regelverstößen gilt: Spiel wird an der Stelle des Verstoßes fortgesetzt

Optionale Regel: *Entscheidet selbst, ob ihr die Regel einsetzt!*

- Der Werfer hat 10 Sekunden Zeit, einen Pass zu spielen. der direkte Gegenspieler zählt, erst wenn er den Werfer erreicht, laut im Sekundentakt von 1 bis 10.
- Kein Wurf nach 10 Sekunden: Turn Over.

Wichtige Calls

Wir spielen ohne Schiedsrichter, Verstöße oder Hinweise werden von euch selbst **laut** angesagt (Calls). Danach einigen sich die Teams über den Weitergang des Spiels.

- *Foul:* (z. B. schubsen) wird vom gefoulten Spieler angesagt.
- *Travel:* Der Werfer macht mehr Schritte als erlaubt.
- *Out:* Die Frisbee landet im aus.
- *Freeze:* Das Spiel wird unterbrochen, alle frieren an Ort und Stelle ein.
- *Play on:* Das Spiel wird nach einem Freeze fortgesetzt; (nur von der Defense zu benutzen).
- *Fast count:* Die Wurfzeit von 1–10 wird zu schnell gezählt.

Ziel: Erlernen der Wurf- und Fangtechnik

1. Einsteiger: Rückhandwurf und Fangen

◎ Schaut euch die folgenden Bilder und Beschreibungen an.
◎ Probiert die Techniken selbstständig aus.

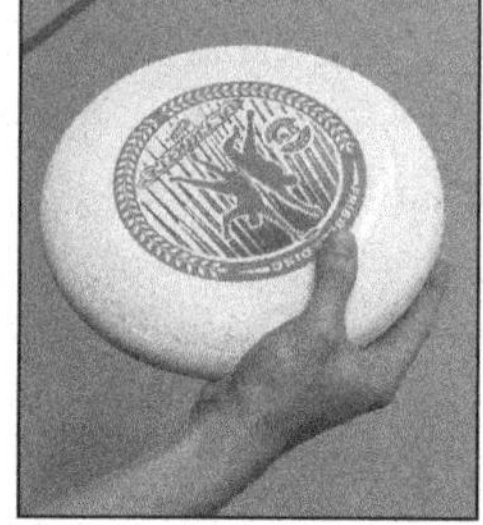

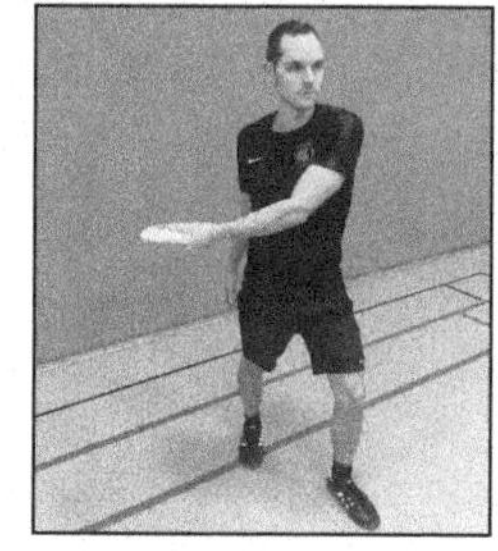

Wurf: Haltung
Haltet die Frisbee an der Oberseite mit dem Daumen, an der Unterseite mit den restlichen Fingern und waagerecht zum Boden fest. Der Zeigefinger darf auf dem Rand aufliegen.

Wurf: Ablauf
1. Beginne in Schrittstellung, auf deiner Wurfseite zeigen Fuß und Schulter nach vorne.
2. Führe den Wurfarm nach hinten, beuge das Handgelenk zum Unterarm.
3. Bringe den Wurfarm nach vorne und überstrecke das Handgelenk, so fliegt die Frisbee stabiler (Spin).
4. Die Hand zeigt Richtung Ziel.

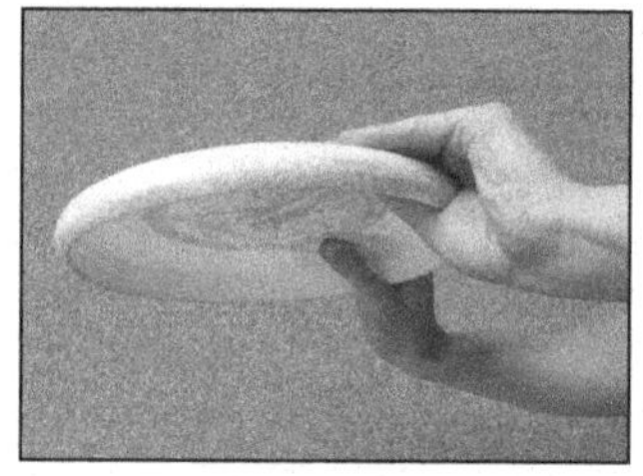

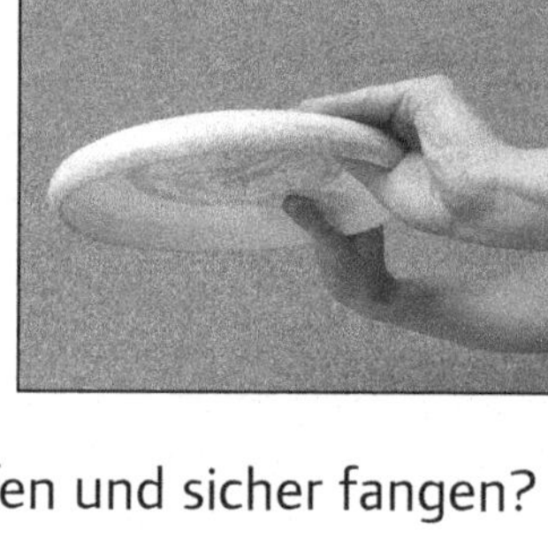

Beidhändiger Catch: Halte die Frisbee zwischen beiden Händen fest; die sicherste Fangtechnik.
Einhändiger Catch: Haltet die Frisbee zwischen dem Daumen und den restlichen Fingern fest. Diese Technik ist riskanter.

Ihr könnt die Frisbee kontrolliert zum Platz eures Partners werfen und sicher fangen? Erlernt folgende Technik.

2. Profis: Vorhandwurf

◎ Schaut euch die folgenden Bilder und Beschreibungen an und erprobt sie.

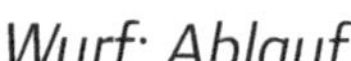

Wurf: Haltung:
Der Daumen liegt auf der Frisbee, der Mittelfinger liegt am Innenrand an, der Zeigefinger zeigt zur Scheibenmitte.

Wurf: Ablauf
1. Leichte Schrittstellung, Fuß und Schulter der Wurfseite sind hinten.
2. Führe den Wurfarm hinter den Körper und überstrecke das Handgelenk.
3. Der Arm wird schnell nach vorne gebracht.
4. Das Handgelenk wird gebeugt, Innenfläche von Hand und Arm zeigen nach oben.
5. Die Hand zeigt Richtung Wurfziel.

Merke: Die Bewegung kommt hauptsächlich aus Unterarm und Handgelenk.

2. Doppelstunde: Erlernen des Zielspiels

Ziel/Leitidee:
Erlernen der Spielidee des Zielspiels Ultimate
Klassenstufe:
Sekundarstufe II
Vorbereitung/Material:
möglichst viele Frisbees, 4 Hütchen pro Spielfeld, vier Stangentore pro Feld, Leibchen, Arbeitsblätter kopieren, Stifte und ggf. die Mappen der Teams bereitlegen, Spielfelder mit Hütchen abstecken, *Advance Organizer* vorbereiten
Sozialform:
Gruppenarbeit, Reflexionsphasen im Plenum
Kompetenzbereich:
Bewegungs- und Wahrnehmungskompetenz, Sozialkompetenz

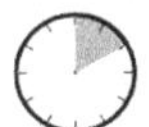

Einführung

- Offener Stundenbeginn: selbstständiges Werfen und Passen
- Zum Einstieg eignet sich eine Wiederholung der bisherigen Regeln und Calls, die Schüler können auf diese Weise ihr Vorwissen aktivieren.
- Anhand des *Advance Organizers* wird das Ziel der heutigen Stunde vorgestellt – das Erlernen des Zielspiels Ultimate. Das Stundenziel ist somit, dass die Schüler das Spiel Ultimate selbst erproben und die dahinterliegende Spielidee durchdringen. Moderieren Sie selbst den *Advance Organizer* an, lassen Sie die Schüler das Ziel der heutigen Einheit formulieren.

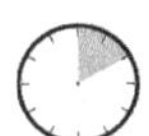

Erwärmung

- Die Erwärmung dient der Festigung und Verbesserung der in der letzten Einheit erlernten Wurf- und Fangtechniken. Zu diesem Zweck durchlaufen die Schüler in ihren Teams eine Passübung. Teilen Sie dazu das Arbeitsblatt *Wurf- und Pass-Übung* (S. 53) an jedes Team aus und klären Sie im Plenum mögliche Fragen.
  – Weisen Sie darauf hin, dass es bei dieser Übung vor allem auf das sichere Beherrschen der Wurf- und Fangtechniken ankommt. Jeder soll den Rückhandwurf und die beidhändige Fangtechnik sicher beherrschen. Bereitet dies noch einigen Schülern Schwierigkeiten gilt es, sich im Team gegenseitig zu unterstützen.

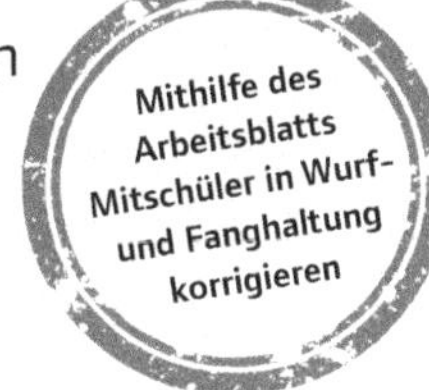

Für Einsteiger und Profis (Differenzierung)

- Lernstarke Teams können während der Übung die Distanz der einzelnen Passwege, sowie das Durchführungstempo selbstständig erhöhen. Ebenso bietet sich für lernstarke Schüler die Möglichkeit, die Pässe mit der Vorhand zu spielen.
- Schüler, die die Vorhandtechnik schon sicher beherrschen, können den Überkopfwurf erproben (S. 53).

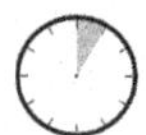 Zwischenreflexion

- In einer kurzen Zwischenreflexion im Plenum kann erfragt werden, welche Probleme hinsichtlich der Techniken noch bestehen und welche Übungsschwerpunkte ggf. noch zu setzen sind.

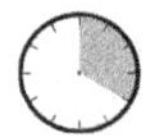 Erarbeitungsphase I

- Die folgenden Spielformen leiten zum Zielspiel Ultimate hin. Da vielen Schülern das Spiel auf Zonen nicht geläufig sein wird, wird zunächst auf Stangentore gespielt, die die Schüler aus der Erwärmungsübung bereits kennen. Die einzelnen Spielfelder sollten nun ausreichen lang und breit sein, damit auch lange Pässe gespielt werden können.
- Teilen Sie zu diesem Zweck die KV *Zielspiel Ultimate* (S. 54) an die Gruppen aus. Auf dem Arbeitsblatt findet sich die erste Spielform ***Tor-Frisbee***. Das Ziel des Spiels und die Regeln sind auf dem Blatt ebenfalls erläutert.
- Nachdem Fragen zur Spielform im Plenum geklärt wurden, erhalten die Schüler die Gelegenheit, das Spiel gegeneinander zu erproben.

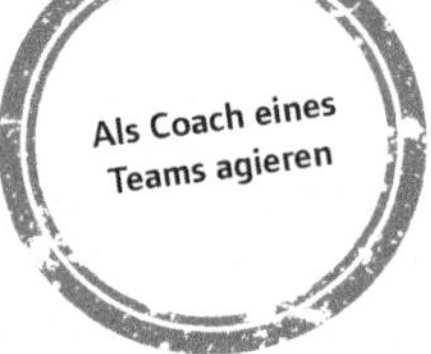

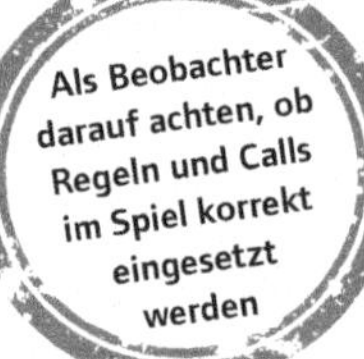

 Für Einsteiger und Profis (Differenzierung)

- Lernstarke Teams können die zusätzliche Aufgabe erhalten, eine Mindestanzahl an erfolgreichen Pässen zu spielen (z. B. 5) bevor ein Punkt erzielt werden darf.
- Haben die Schüler Schwierigkeiten mit der Count-Regel, kann diese auch erst in späteren Spielformen eingeführt werden.

Der Einsatz von Schiedsrichtern

- Sollten die Schüler zu Beginn Probleme damit haben, Regelwidrigkeiten selbstständig untereinander zu klären, besteht die Möglichkeit, einen passiven Schüler als unabhängigen Beobachter einzusetzen, der in strittigen Situationen mitentscheidet. Dies sollte jedoch nur eine Hilfestellung für die Teams sein und nicht zur Gewohnheit werden. In Ultimate wird, wie schon erwähnt, höchsten Wert auf das faire Miteinander gelegt.

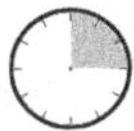

Erarbeitungsphase II

- Die Schüler erproben nun die zweite Spielform ***Zonenfrisbee***. Nun spielen die Schüler erstmals auf Zonen. Erweitern Sie dazu die bisherigen Stangentore um zwei weitere Stangen, sodass eine Zone entsteht.
- Das Ziel des Spiels sowie die Regeln finden sich ebenfalls auf der KV *Zielspiel Ultimate* (S. 54). Geben Sie den Schülern kurz Zeit das Regelwerk zu studieren, bevor Fragen im Plenum geklärt werden.
- Anschließend erhalten die Schüler wiederrum die Gelegenheit, das Spiel zu erproben. Tauschen Sie die Teams untereinander, sodass verschiedene Mannschaften gegeneinander spielen.

Für Einsteiger und Profis (Differenzierung)

- Bei Lernschwächeren Gruppen kann die Regelung eingeführt werden, dass die Verteidiger die Zone nicht betreten dürfen, dies erleichtert das Punkten.
- Lernstärkere Teams können erneut die Aufgabe erhalten, eine Mindestanzahl an erfolgreichen Pässen zu spielen, bevor gepunktet werden darf.

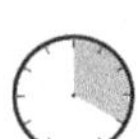

Erarbeitungsphase III

- Nun steht das Zielspiel ***Ultimate*** an. Nachdem die Schüler in der vorherigen Spielform schon auf Zonen gespielt haben, kann nun das Zielspiel erprobt werden. Dazu werden die Zonen an die Enden des Spielfeldes und über die komplette Breite verlagert.
- Auch in diesem Fall befinden sich Ziel und Regeln auf der KV *Zielspiel Ultimate* (S. 54). Klären Sie offene Fragen im Plenum.
- Anbei finden Sie genauere Ausführungen zum Weiterspielen, nachdem ein Punkt erzielt wurde, Führen Sie diese Punkte im Plenum aus:
  - Nach einem erfolgreichen Punkt findet ein Seitenwechsel statt, um etwaigen Vorteile durch Wetterbedingungen (Sonnenstand, Wind) auszugleichen.
  - Für den Anwurf gilt:
    - Landet der Wurf im Aus, spielt die neue Offense an der Stelle weiter, wo die Frisbee ins Aus gelangte.
    - Berührt die Frisbee den Boden, spielt die Offense an der Stelle der ersten Bodenberührung weiter.
    - Fängt die neue Offense die Frisbee, geht das Spiel sofort weiter.
    - Landet die Frisbee in der Endzone der neuen Offense, wird das Spiel an deren Grundlinie fortgesetzt.
    - Linien gehören nicht zum Spielfeld und gehören somit zum Aus.
- Geben Sie ihren Schülern nun die Gelegenheit, das Zielspiel zu erproben.

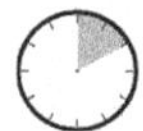

Abschluss/Reflexion

- In der abschließenden Reflexion wird zum einen die Technik und die Spielfähigkeit thematisiert, um eine Steigerung der Spielleistung zu gewährleisten. Zum anderen reflektiert die Klasse gemeinsam das Fair Play, damit ein freudvolles und faires Spiel gelingen kann.
- Mögliche Reflexionsimpulse:
  - Beurteilt, ob wir das Ziel Erlernen des Zielspiels Ultimate erreicht haben.
    - Welche Aspekte gilt es im Spiel noch zu verbessern (z. B. Koordination von Offense und Defense)?
  - Erläutert, ob das Spiel ohne Schiedsrichter besser/genauso gut wie in der vorherigen Stunde gelungen ist. Wurden die Regeln eingehalten (Ggf. Einbindung der NatS)?
    - Falls ja, was ist heute besser gelungen?
    - Falls nein, woran müssen wir arbeiten, damit uns dies gelingt?
- Zum Schluss erfolgt, auch anhand des *Advance Organizer*, ein Ausblick auf die Themen der nächsten Einheiten: Individual- und Teamtaktiken für die Bereiche der Offense und Defense.

Ziel: Beherrschen der Wurf- und Fangtechniken

1. Lernschritt: selbständiges erproben der Technikübung

◎ Alle Teammitglieder sollen die Basistechniken *Rückhandwurf* und *beidhändiges Fangen* beherrschen. Unterstützt euch dazu im Team gegenseitig!

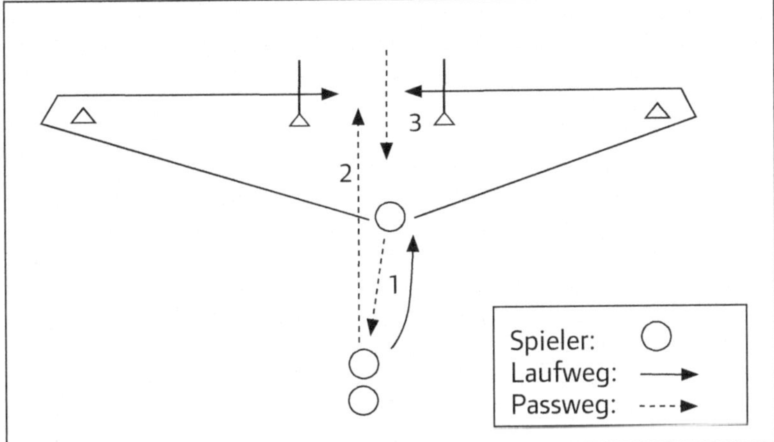

1. *Spieler A passt die Frisbee zu Spieler B und wählt einen der beiden Laufwege.*
2. *Spieler B passt durch das Stangentor in den Lauf von Spieler A.*
3. *Spieler B nimmt die Startposition von A ein und erhält einen Pass von Spieler A.*
4. *Spieler A reiht sich hinter Spieler C ein. Spieler B und C wiederholen die Übung.*

2. Lernschritt: Die Technikübung erschweren

◎ Ihr beherrscht die Übungsform perfekt? Erhöht Distanz und Tempo, variiert zwischen Rück- und Vorhandpässen, verengt das Stangentor.

Ihr beherrscht Vor- und Rückhandwurf sicher?
Erlernt den Überkopf-Wurf:

Wurf: Haltung
Haltet die Scheibe wie beim Vorhandwurf.

Wurf: Ablauf

1. Nimm den Wurfarm zurück und überstrecke deinen Körper nach hinten; führe die Frisbee über deinen Kopf, die Unterseite der Frisbee zeigt nach oben. Dein Gewicht ruht auf dem hinteren Fuß.
2. Löse die Vorspannung, schwinge deinen Arm explosiv nach vorne, führe deinen Ellenbogen nahe am Gesicht vorbei.
3. Unterarm und Handgelenk überholen den Ellenbogen, löse die Spannung im Handgelenk und wirf die Frisbee.
4. Verlagere das Gewicht auf den vorderen Fuß, dein Körper bleibt gestreckt.

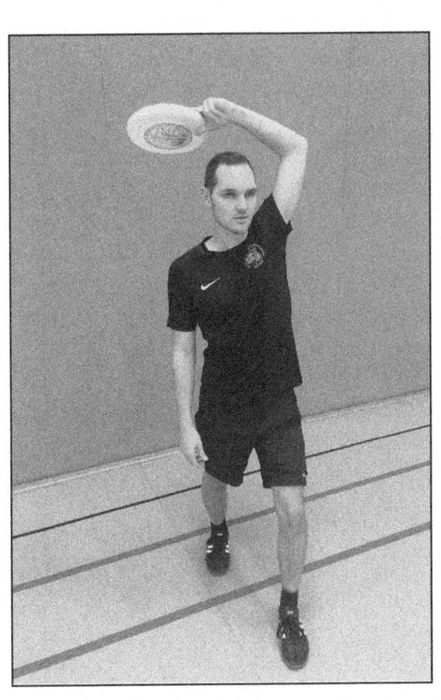

Ziel: Erlernen des Zielspiels Ultimate

1. Lernschritt: Tor-Frisbee

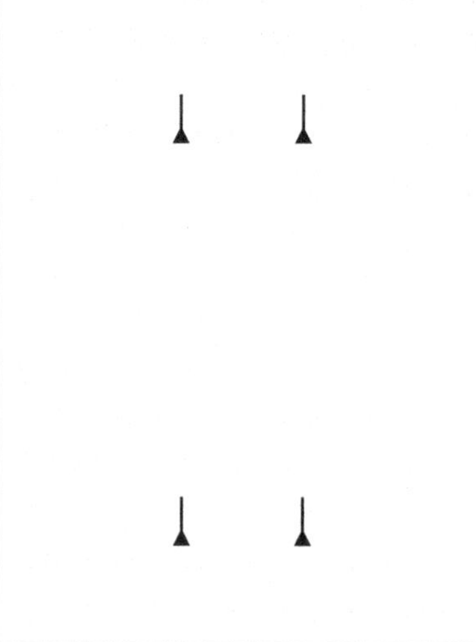

Ziel des Spiels:

- Punktet als Team, indem ihr einen erfolgreichen Pass durch die Tore spielt.

Regeln:

- Es gelten die Regeln aus Parteifrisbee, zusätzlich gilt die Count-Regel.
- Beide Teams können beide Tore von beiden Seiten anspielen.
- Nach Punktgewinn: Das andere Team erhält die Frisbee in der Spielmitte.

2. Lernschritt: Zonenfrisbee

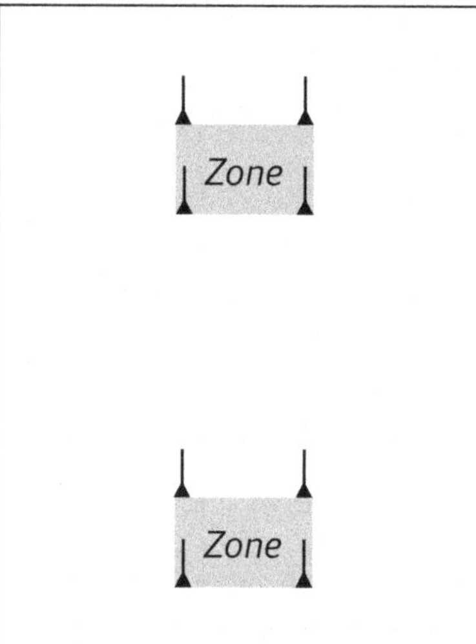

Ziel des Spiels:

- Punktet als Team, indem ihr einen erfolgreichen Pass in die Zone spielt.

Regeln:

- Es gelten die Regeln aus Tor-Frisbee.
- Beide Teams können beide Zonen anspielen.
- Die Zone darf nur zum (Ab)Fangen des Passes betreten werden. Das ständige Aufhalten in der Zone ist nicht erlaubt.

3. Lernschritt: Zielspiel Ultimate

Endzone

Grundlinie

Grundlinie

Endzone

Ziel des Spiels:

- Punktet als Team, indem ihr einen erfolgreichen Pass in die gegnerische Endzone spielt

Regeln:

- Es gelten die Regeln aus Tor-Frisbee.
- Jedes Team spielt nur auf eine Endzone.
- Nach einem erfolgreichen Punkt findet ein Seitenwechsel statt. Das erfolgreiche Team bringt die Frisbee mit einem Wurf von der eigenen Grundlinie ins Spiel.

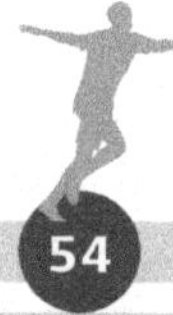

3. Doppelstunde: Offense – Individual- und Teamtaktik

Ziel/Leitidee:
Erlernen von Individual- und Teamtaktiken im Bereich der Offensive
Klassenstufe:
Sekundarstufe II
Vorbereitung/Material:
möglichst viele Frisbees, 8 Hütchen pro Spielfeld, Leibchen, Arbeitsblätter kopieren, Stifte bereitlegen, ggf. die Mappen der Teams auslegen, Spielfelder mit Hütchen abstecken, *Advance Organizer* vorbereiten
Sozialform:
Gruppenarbeit, Reflexionsphasen im Plenum
Kompetenzbereich:
Bewegungs- und Wahrnehmungskompetenz, Sozialkompetenz, Urteilskompetenz

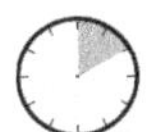

Einführung

- Offener Stundenbeginn: selbständiges Passen und Werfen.
- Nachdem das Zielspiel in der letzten Stunde eingeführt wurde, eignet sich nun die Thematisierung der Offensivtaktik, die anhand des *Advance Organizers* visualisiert werden kann.
- Nachdem die Schüler in den letzten Einheiten die Arbeit mit dem *Advance Organizers* kennengelernt haben, können diese selbst die Moderation der Einführung erproben und somit den Einstieg schüleraktiv gestalten. Unterstützen Sie die Schüler bei dieser Aufgabe.

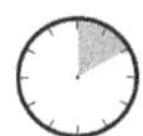

Erwärmung

- Zur Erwärmung wird ein Überzahlspiel (z. B. 5er-Gruppen: 3 gegen 2; 7er-Gruppen: 4 gegen 3) im eigenen Team erprobt. Auf diese Art und Weise werden zahlreiche Pässe gespielt und es findet eine schnelle Herz-Kreislauf-Erwärmung statt. Jede Gruppe erhält ein eigenes Quadrat als Spielfläche.
- Das Ziel der Gruppe in Überzahl (Offense) ist es, 8 erfolgreiche Pässe zu spielen, die Gruppe in Unterzahl (Defence) hat nur die Aufgabe, die Scheibe zu erobern. Die Scheibe wird nach Eroberung wieder der Offense überreicht.
  - Gelingen der Offense 7 erfolgreiche Pässe, nehmen Schüler aus der Offense für die neue Runde die Defense-Positionen ein.
  - Gelingt es der Offense nicht innerhalb einer Minute zu punkten, findet ebenfalls ein Wechsel von Offense und Defense statt.

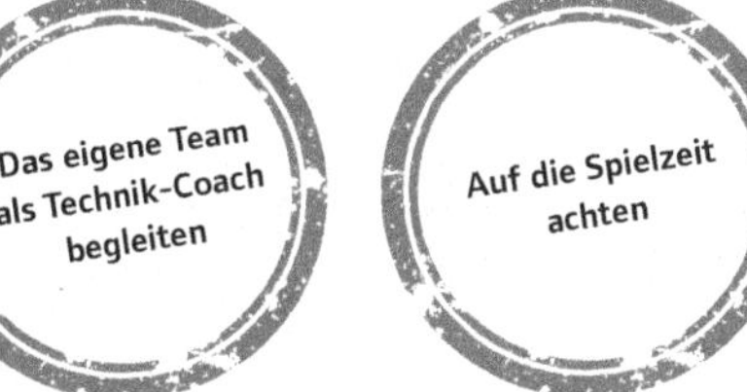

Für Einsteiger und Profis (Differenzierung)

- Für lernstarke Teams kann die Anzahl der erfolgreichen Pässe um einige Punkte erhöht werden.

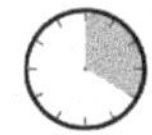

Erarbeitungsphase I

- In der anschließenden Übungsform erhalten die Schüler die Gelegenheit, individualtaktische Verhaltensweisen für die Offense zu erlernen. Dazu dient die KV *Taktikelemente Offense* (S. 59). Teilen Sie das Arbeitsblatt jeder Gruppe aus und besprechen Sie den Ablauf im Plenum.
- Im ersten Lernschritt soll jeder Schüler der Gruppe jede Position mehrmals durchlaufen. Im anschließenden Lernschritt halten die Schüler ihre Erkenntnisse und Erfahrungen fest.

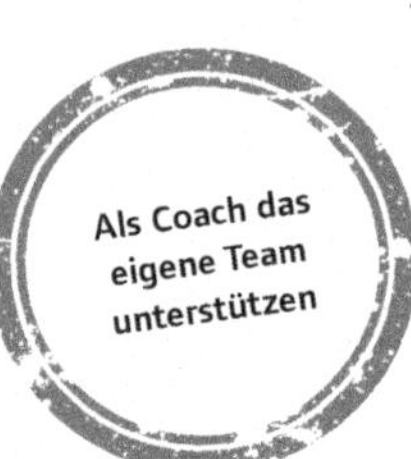

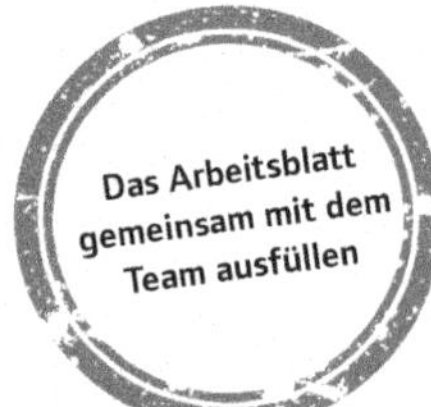

Für Einsteiger und Profis (Differenzierung)

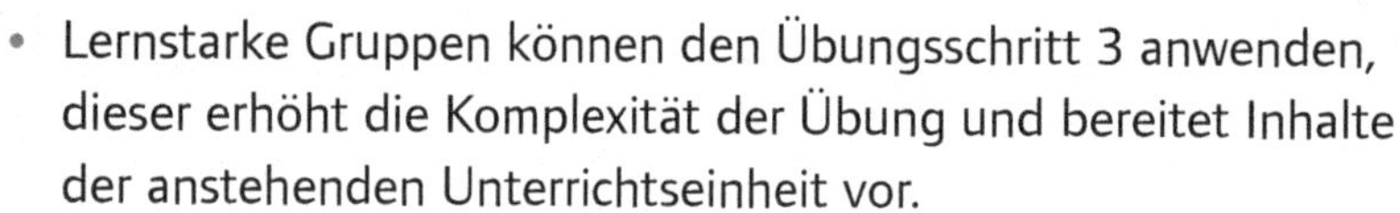

- Lernstarke Gruppen können den Übungsschritt 3 anwenden, dieser erhöht die Komplexität der Übung und bereitet Inhalte der anstehenden Unterrichtseinheit vor.

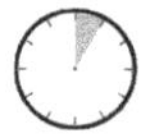

Zwischenreflexion

- Die folgende Zwischenreflexion dient der Sicherung der Erkenntnisse aus der Erarbeitungsphase. Besprechen Sie im Plenum die Ergebnisse der einzelnen Gruppen.
- Mögliche Reflexionsimpulse und antizipierte Antwortmöglichkeiten:
  - Erläutert, welche Taktiken der Offensivspieler anwenden kann: Abrupte Richtungsänderungen; Variation der Laufgeschwindigkeit; Finten anwenden und täuschen; Hacken schlagen.
  - Beschreibt, wie der Pass idealerweise gespielt werden soll: mit Tempo; in den Lauf des Spielers, sonst kann er abgefangen werden; etwa auf Brusthöhe.
  - Wie kann der Pass auch mit direktem Gegenspieler gelingen? Der Werfer täuscht Würfe an; er variiert die Abwurfhöhe; er nutzt Vor- und Rückhandwürfe.

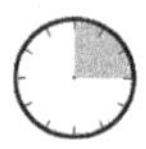

Erarbeitungsphase II

- Die Schüler erhalten nun die Gelegenheit, ihre eigene Aufstellung zu verschriftlichen und diese zuerst ohne Gegner zu proben. Teilen Sie zu diesem Zweck die KV *Offense-Aufstellung* (S. 60) an jedes Team aus.
- Klären Sie mit den Schülern die Aufgaben des Werfers, wenn dieser einen erfolgreichen Pass gespielt hat.
- Während des Spiels soll die Anfangsformation nicht durchgängig gehalten werden, sie dient vielmehr als Grundordnung für den Beginn der eigenen Offensive.
- Zwei Teams können pro Spielfeld ihre Aufstellung erproben, ein Spiel gegeneinander soll in dieser Phase ausdrücklich noch nicht stattfinden, damit die Aufstellung eintrainiert wird.

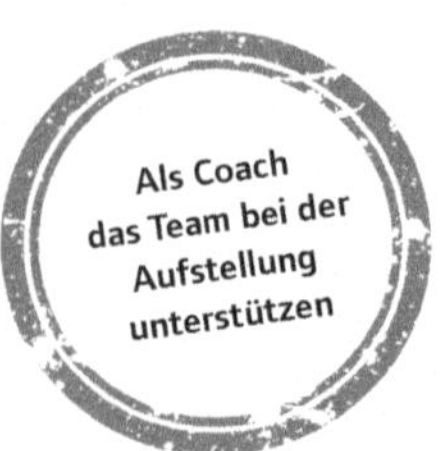

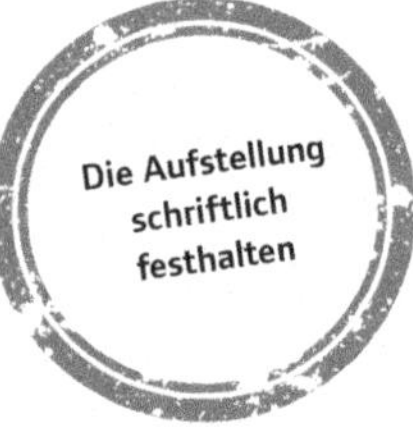

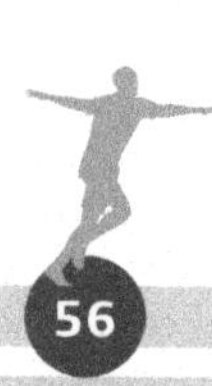

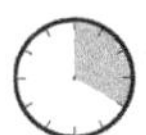

Erarbeitungsphase III

- Nun ist es an der Zeit, die eigene Aufstellung und die neu erlernten Individualtaktiken im Spiel gegeneinander anzuwenden.
- Die einzelnen Teams bearbeiten in Spielpausen die KV *Beobachtungsauftrag* (S. 60). Sie dient der Reflexion der erlernten Offensivtaktiken. Der Beobachtungsbogen kann auch zur Selbstreflexion genutzt werden. In diesem Fall reflektiert die Gruppe gemeinsam, inwieweit ihr die Umsetzung der eigenen Offensivtaktik schon gelungen ist. Dementsprechend können eigene Lernziele für die Zukunft festgehalten werden.

Beobachtungsauftrag ausfüllen und dem Team ein Feedback geben

Für Einsteiger und Profis (Differenzierung)

- Fällt es einzelnen Teams noch sehr schwerfällt Punkte zu erzielen, können Sie auf das Mittel des Überzahlspiels zurückgreifen. In diesem Fall setzt im Team, das sich in der Defense befindet, immer ein Spieler aus. Gelingt ein Punkt oder ein Turnover, darf der betreffende Spieler wieder auf das Feld. So spielt die Offense von beiden Teams jeweils in Überzahl.

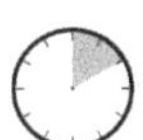

Abschluss/Reflexion

- Zum Abschluss wird wie gewohnt eine Reflexion bezüglich der zurückliegenden Einheit durchgeführt. Falls sich die Teams noch keine Rückmeldung auf Basis des Beobachtungsauftrages geben konnten, sollte dies vorab geschehen.
- Zuerst wird mithilfe des *Advance Organizers* das Stundenziel reflektiert. Anschließend erfolgt eine Reflexion auf Taktikebene. Da die Schüler nun auch die Abschlussreflexion aus den vorherigen Stunden bereits kennen, können sie selbst Teile der Reflexion als Moderator übernehmen.
  Die Schüler können sich dazu allgemein an den einzelnen Thematiken des Beobachtungsauftrags orientieren.
- Mögliche Reflexionsimpulse:
  - Beurteilt, ob wir unser Ziel, das Erlernen eine Offensiv-Taktik und das Finden einer Mannschaftsaufstellung, erreicht haben.
    · Welche Probleme oder Schwierigkeiten ergaben sich?
  - Erläutert, in welchen Bereichen der Offensiv-Taktik ihr noch Optimierungsbedarf habt und was euch bereits gut gelingt.
- Zum Ende erfolgt mithilfe des *Advance Organizers* ein Ausblick auf die nächste Einheit. Da nun die Offensive behandelt wurde steht als nächstes Thema die Defensivarbeit an.
- Auch dieser Ausblick kann eigenständig von den Schülern geleistet werden.

Ziel: Taktikelemente der Offense erlernen

1. Lernschritt: Taktikübung – Erprobt die Übung selbstständig

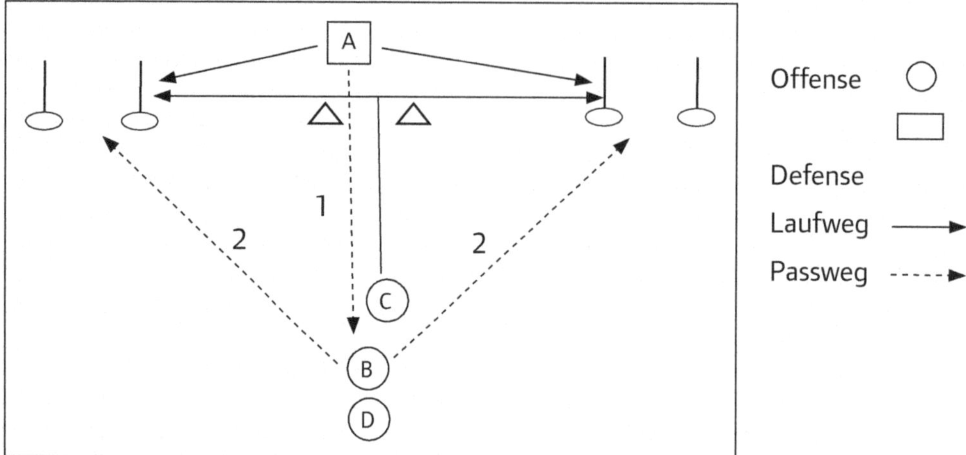

1. *Spieler A passt zu B; Spieler C läuft und wählt einen der zwei Laufwege.*
2. *Spieler B spielt einen Pass durch das Tor in den Lauf von C.*
3. *Spieler A verteidigt Spieler C und versucht den Pass zu unterbinden.*
4. *Spieler C wechselt auf Position A, B auf C und D auf B.*

2. Lernschritt: Kritische Reflexion der Taktikübung

Bearbeitet nach der Übungszeit gemeinsam folgende Aufgaben:

a) Nennt Taktiken die Spieler C anwenden kann, um einen möglichst großen Vorsprung vor Spieler A zu kreieren.

____

____

b) Beschreibt, wie Spieler B den Pass idealerweise spielt, damit Spieler C diesen nicht abfangen kann.

____

____

3. Lernschritt: Erweiterung der Übungsform

Erschwert die Übung, indem Spieler B einen Gegenspieler erhält.
Erläutert, mit welcher Taktik der Offense trotzdem ein erfolgreicher Pass gelingt.

____

____

4. Lernschritt: Wendet eure Taktiken in den folgenden Spielen an!

Ziel: Eine Offense-Aufstellung finden und festigen

1. Lernschritt: Besetzung der Positionen in der „Angriffslinie“

Zu Beginn eines Angriffs eignet sich eine lose Aneinanderreihung der Spieler vom Werfer bis tief in die gegnerische Hälfte.

Auftrag: Haltet eure Aufstellung mit euren Namen fest! Fügt gegebenenfalls Spieler hinzu.
Beachtet:
- Der Werfer kann sich nach dem Pass nach vorne orientieren oder sich im Rücken des neuen Werfers anbieten
- Diese Aufstellung gilt für den Beginn des Angriffs. Wendet danach eure Angriffstaktiken an, um einen Punkt zu erzielen.

Endzone
○ ____________________
○ ____________________
○ ____________________
○ ____________________
○ ____________________

2. Lernschritt: Erprobung der Aufstellung im Team

Übt eure Aufstellung auf dem Spielfeld ohne Gegner. Ziel: gelangt mit schnellen und erfolgreichen Pässen in die Endzone. Startet an der eigenen Grundlinie.

3. Lernschritt: Festigung der Aufstellung im Spiel

Beobachtungsauftrag:
Beobachtet die Angriffstaktiken des Teams: ______________________________

1. Beurteilt, ob eine Angriffslinie zu Beginn des Angriffs zu erkennen ist.

	☐	☐	☐	☐	
Die Formation wird	*immer*	*häufig*	*selten*	*nie*	*verwendet.*

2. Beurteilt, ob das Team Cuts oder Lauffinten im Angriff verwendet.

	☐	☐	☐	☐	
Cuts und Finten werden	*häufig*	*ab und zu*	*selten*	*nie*	*verwendet.*

3. Beurteilt, ob die Pässe in den Lauf gespielt werden.

	☐	☐	☐	☐	
Die Pässe werden	*immer*	*häufig*	*selten*	*nie*	*in den Lauf gespielt.*

4. Teilt dem Team eure Beobachtungen mit. Führt aus, in welchen Bereichen der Offense noch Steigerungspotential besteht und was ihnen bereits gut gelingt.

4. Doppelstunde: Defense – Individual und Teamtaktik

Ziel/Leitidee:
Erlernen der Individual und Teamtaktiken im Bereich der Defense
Klassenstufe:
Sekundarstufe II
Vorbereitung/Material:
möglichst viele Frisbees, 8 Hütchen pro Spielfeld, Leibchen, Arbeitsblätter kopieren, Stifte und ggf. Mappen der Teams bereitlegen, Spielfelder mit Hütchen abstecken
Sozialform:
Gruppenarbeit, Reflexionsphasen im Plenum
Kompetenzbereich:
Bewegungs- und Wahrnehmungskompetenz, Sozialkompetenz, Urteilskompetenz

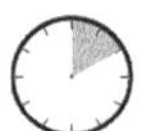

Einführung

- Offener Einstieg: selbstständiges Passen mit frei gewähltem Partner.
- In dieser Einheit steht die Defense-Arbeit im Zentrum. Die folgenden Übungen zielen darauf ab, dass jedes Team eine Defense-Taktik für das Spiel gegeneinander findet und jeder einzelne Schüler Handlungsoptionen für die individuelle Verteidigung erlernt.
- In gewohnter Manier erfolgt der Einstieg mithilfe des *Advance Organizer*. Lassen Sie die Schüler den kognitiven Einstieg der Stunde leiten.

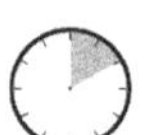

Erwärmung

- Zur Erwärmung bietet es sich an, dass das Fang-Spiel der ersten Einheit wiederholt wird. Auf diese Weise erfolgt eine schnelle Herz-Kreislauf-Erwärmung. Ebenso können die Schüler nun nach einigen Einheiten ihren Fortschritt anhand der Wiederholung dieses Spiels erfahren.

Für Einsteiger und Profis (Differenzierung)

- Bei lernschwachen Gruppen können bis zu zwei zusätzliche Schritte erlaubt werden, um die Gejagten mit der Frisbee zu berühren und damit zu fangen.

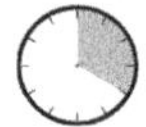

Erarbeitungsphase I

- In der folgenden Erarbeitungsphase erproben die Schüler in ihren Gruppen zuerst individualtaktische Verhaltensweisen in der Verteidigung. Verteilen Sie zu diesem Zweck die KV *Defense-Taktik* (S. 63) an jede Gruppe. Geben Sie den Schülern wie gewohnt kurz Zeit, das Arbeitsblatt selbstständig zu erfassen, bevor letzte Fragen im Plenum geklärt werden.

- Die Schüler können in dieser Erarbeitungsphase selbstständig die Übungen 1 und 2 erproben. Sollten jedoch manche Gruppen nach einigen Minuten noch nicht zur zweiten Übung gelangt sein, weisen Sie darauf hin, dass diese nun auch thematisiert werden soll.
- Nach der Durchführung der Übung reflektiert die Gruppe gemeinsam mithilfe des Arbeitsblattes im zweiten Lernschritt die neue Stellung des Defense-Spielers. Geben Sie wiederrum zur passenden Zeit ein Signal, sodass alle Teams die Reflexionsaufgaben bearbeiten.

Das eigene Team begleiten

Reflexionsergebnisse schriftlich festhalten

Für Einsteiger und Profis (Differenzierung)

- Lernstarke Gruppen können die Wurfzonen für die Offensivspieler vergrößern, dies erschwert die Aufgabe für die Verteidiger.

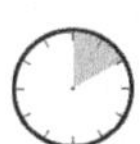

Zwischenreflexion

- In der Zwischenreflexion werden die Ergebnisse der Reflexionsphase im Plenum besprochen.
- Sprechen Sie auch die Stellung der restlichen Verteidiger an. Ebenso sollte das Verhalten des Verteidigers thematisiert werden, wenn dessen direkter Gegenspieler einen Pass gespielt hat.
- Mögliche Impulsfragen und antizipierte Antworten:
  - Welche Vor- und Nachteile dieser Art der Verteidigung habt ihr festgehalten?
    - Vorteil: Das freie Feld wird für den Angreifer stark verengt.
    - Vorteil: Die restlichen Verteidiger können Passwege leichter antizipieren und somit Pässe verhindern.
    - Vorteil: Die Verteidigung kann insgesamt geordneter agieren.
    - Nachteil: Gelingt ein Pass zur geschlossenen Seite, steht der nächste Verteidiger schlecht zum Angreifer.
  - Erläutert, wie sich die restlichen Verteidiger positionieren sollten.
    - Aggressive Verteidigung: auf der offenen Seite vor dem Angreifer. Pässe können leichter abgefangen werden, der Gegner kann jedoch aus den Augen verloren werden.
    - Defensivere Verteidigung: hinter dem Angreifer zur offenen Seite orientiert. Der direkte Gegenspieler bleibt im Blickfeld, das Abfangen eines Passes wird jedoch erschwert.
  - Worauf muss der Gegenspieler des Markers nach dem Pass achten?
    - Eng am Gegenspieler bleiben, mögliche Passwege im Rücken des neuen Markers zulaufen.

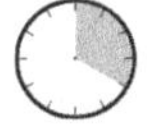

Erarbeitungsphase II

- In der anschließenden Phase bietet es sich an, dass die Schüler die Gelegenheit erhalten, diese neu erlernte Defensiv-Taktik im Spiel gegeneinander anzuwenden und dies anschließend kritisch zu hinterfragen. Diese Phase wird durch die KV *Selbstreflexion Defense* (S. 64) angeleitet. Teilen und besprechen Sie die KV nach dem bewährten Muster.

- Da es sich bei dieser Verteidigungsvariante um eine klassische Manndeckung handelt, muss jedes Team vorab in einem ersten Schritt abklären, wer gegen welchen Spieler des gegnerischen Teams in der Verteidigung agiert. Achten Sie also darauf, dass die Teams nicht sofort gegeneinander spielen, sondern sich die Zeit nehmen, klare Absprachen untereinander zu treffen.
- Je nach Platz und Anzahl der Teams erhalten die Gruppen entweder in Spiel-pausen oder nach der Spielphase Gelegenheit dazu, teamintern die Umsetzung ihrer Defense-Taktik zu bewerten und gemeinsam Entwicklungsziele festzuhalten.

Als Coach unterstützen

Entwicklungsziele des eigenen Teams verschriftlichen

Für Einsteiger und Profis (Differenzierung)

- Spielen unterschiedlich starke Teams gegeneinander, besteht die Möglichkeit, dass das unterlegene Team in Überzahl spielt. So erhält dieses Team eine freie Anspielstation.

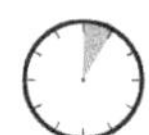

Reflexion

- In der anschließenden Reflexion im Plenum erhalten die Schüler die Gelegenheit dazu, ihre eigenen Erkenntnisse zu artikulieren.
- An dieser Stelle bietet es sich zudem an, dass Erreichen des Lernziels der heutigen Stunde zu überprüfen
- Mögliche Impulse:
  - Benennt, welche Bereiche der Defensivtaktik euch bereits gut gelungen sind, und in welchen Bereichen noch Optimierungsbedarf besteht?
  - Erläutert, welchen Bereich der Defensivarbeit ihr vorrangig verbessern wollt.
  - Erläutert, ob wir unser Ziel der heutigen Stunde erreicht haben.
    - Falls nein: Was müssen wir in der nächsten Stunde tun, um dies zu erreichen?

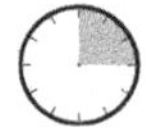

Erprobungsphase

- In der restlichen Zeit der Unterrichtseinheit erhalten die Schüler direkt die Gelegenheit, ihre selbst formulierten Ziele in die Tat umzusetzen. Dies geschieht am besten im Spiel gegeneinander.

Ziel: Taktikelemente der Defense erlernen

1. Lernschritt: selbständige Erprobung der Taktikübung

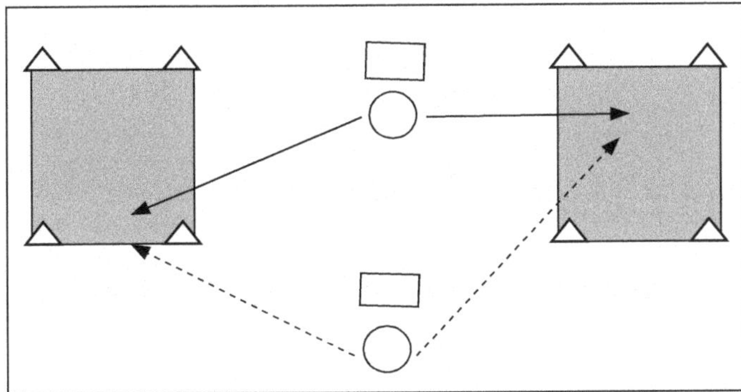

Offense ○
Defense ▭
Mögliche Laufwege ⟶
Mögliche Laufwege - - - ->

a) Übung 1 – Auftrag:
Offense: Spieler A hält die Frisbee. Spiele einen erfolgreichen Pass in eine der 2 Zonen zu Spieler B.
Defense: Verhindert einen erfolgreichen Pass der Offense.
- Es gilt die Count-Regel.
- Wechselt nach 4 Versuchen die Rollen.

b) Übung 2 – Auftrag:
- Defense: Einigt euch vorab, welche Seite der Marker dem Werfer für den Pass öffnet und welche er schließt.
- Der Marker stellt sich dazu nicht vor, sondern seitlich orientiert zum Werfer.

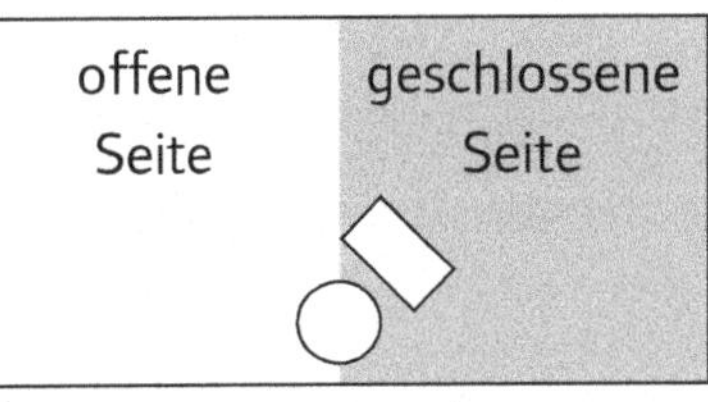

2. Lernschritt: Kritische Reflexion der Übung:

a) Benennt Vor- und Nachteile dieser Art der Verteidigung.

____

____

____

____

b) Zeichnet ein, wie sich die restlichen Verteidiger zu Beginn zu ihren Gegenspielern idealerweise positionieren.

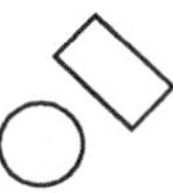    

Spielrichtung

Ziel: Defense-Aufstellung erproben und reflektieren

1. Lernschritt: Verteilung der Defense Aufgaben im Team

Damit diese Taktik im Spiel gelingen kann, benötigt jeder gegnerische Spieler einen festen Gegenspieler.

Auftrag: Einigt euch vorab auf eine feste Zuordnung. Diese Zuordnung muss von allen Spielern der Gruppe während des Spiels eingehalten werden.

2. Lernschritt: Anwendung im Zielspiel

Wendet eure Defense-Taktik im Spiel an

3. Lernschritt: kritische Reflexion

Diskutiert nach dem Spiel, ob euch die Defense-Taktik gelungen ist.

a) Die Defense-Spieler verteidigen eng am Offense-Spieler

☐ *Immer* ☐ *oft* ☐ *halbwegs* ☐ *fast nie*

b) Die Defense-Spieler verfolgen ihre festen Gegenspieler

☐ *Immer* ☐ *oft* ☐ *halbwegs* ☐ *fast nie*

c) Es werden keine Pässe auf die geschlossene Seite zugelassen

☐ *Immer* ☐ *oft* ☐ *halbwegs* ☐ *fast nie*

d) Die Verteidigung gelingt insgesamt besser als vorher

☐ *Ja* ☐ *teils/teils* ☐ *Nein*

4. Lernschritt: Festhalten von Zielen

Haltet gemeinsam fest, in welchen Bereichen der Defense ihr euch in den nächsten Spielen verbessern wollt

____

____

____

5. Lernschritt: Umsetzen der Ziele im Spiel

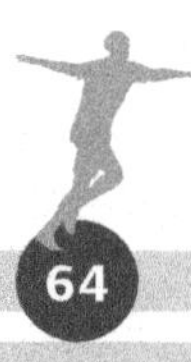

5. Doppelstunde: Abnahme der Techniken und Einüben der Taktiken

Ziel/Leitidee:
Lernzielkontrolle: Überprüfung der Wurf- und Fangtechniken. Überprüfung der taktischen Handlungsweisen. Festigen der Mannschaftstaktiken.
Klassenstufe:
Sekundarstufe II
Vorbereitung/Material:
möglichst viele Frisbees, 8 Hütchen pro Spielfeld, Leibchen, Erwartungshorizont Leistungsbewertung bereitlegen, Spielfelder mit Hütchen abstecken, ggf. Mappen bereitlegen
Sozialform:
Gruppenarbeit, Reflexionsphasen im Plenum
Kompetenzbereich:
Bewegungs- und Wahrnehmungskompetenz, Sozialkompetenz

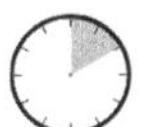

Einführung

- Offener Einstieg: selbständiges Passen und Werfen.
- Mithilfe des Advance Organizer erläutern Mitglieder des Kurses selbst das Thema der anstehenden Einheit.

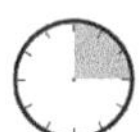

Erwärmung

- Zur Technikabnahme eignet sich die Taktikübung Offense aus der dritten Unterrichtseinheit (S. 58). Daher sollten die Schüler zum Aufwärmen die Gelegenheit erhalten, innerhalb ihres Teams diese Übung selbstständig zu wiederholen, um sich auf diese Weise auf die Abnahme vorbereiten zu können.
- Weisen Sie die Schüler darauf hin, dass auch das Verhalten der Defense bewertet wird. Daher sollte in der Aufwärmphase jeder Schüler wenigstens ein paar Mal sowohl die Positionen der Offense, als auch die Defense-Position bekleiden.

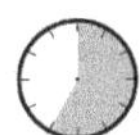

Überprüfung: Technik-Abnahme

- Für die Prüfungsphase bietet es sich an, dass Sie mit einem Team die Abnahme durchführen, während die anderen Teams die Möglichkeit erhalten, im Spiel gegeneinander ihre Teamtaktiken für das Abschlussturnier einzuüben.
- Jeweils alle Mitglieder eines Teams durchlaufen nacheinander die Abnahme. An der Übung selbst sind drei Schüler beteiligt. Räumen Sie jedem Schüler die Möglichkeit ein, alle Positionen mehrmals zu zeigen. Die Schüler können in dieser Abnahme ihre Pass- und Fangfertigkeiten und ihre Techniken des Freilaufens unter Beweis stellen.
- Zur Einschätzung der Schülerleistung dient Ihnen der beiliegende Erwartungshorizont zur Leistungsbewertung (S. 68).

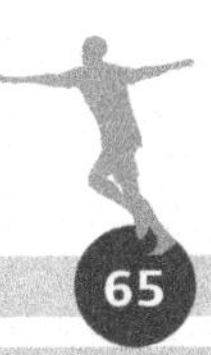

Für Einsteiger und Profis (Differenzierung)

- In lernschwachen Prüfungsgruppen besteht die Möglichkeit, den Defense-Spieler zuerst nur passiv verteidigen zu lassen. Damit soll es den Offense-Spielern ermöglicht werden, zu Beginn einen erfolgreichen Pass zu spielen.
- In lernstarken Gruppen kann dem Passgeber zusätzlich ein Defense-Spieler zugeordnet werden; auf diese Art und Weise wird die Übungsform erschwert.

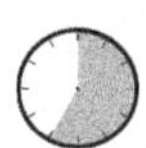

Erarbeitungsphase während der Technikabnahme

- Die Zeit der Technikabnahme soll von den Teams, die gerade nicht geprüft werden, sinnvoll genutzt werden. Weisen Sie die Teams darauf hin, dass dies die letzte Möglichkeit vor dem Abschlussturnier in der nächsten Einheit darstellt, die Techniken und Positionen in der Offensive und Defensive einzuüben und zu festigen.
- Für die Teams, die gerade nicht die Abnahme durchlaufen, bietet sich das Spiel Wechsel-Frisbee an, da dies zu schnellen Wechseln der Teams während eines Spiels führt:
  - Das Team, das den Punkt erzielt bleibt, bleibt auf dem Feld. Die Mannschaft, die einen gegnerischen Punkt hinnehmen musste, wechselt mit einem anderen Team die Plätze. So können bis zu 4 Teams auf einem Spielfeld mit nur kurzen Pausen spielen. Jedes Team zählt die selbst erzielten Punkte, das Team mit den meisten Punkten gewinnt.
  - Bei diesem Spiel können auch die Teams, die zuvor die Abnahme durchlaufen haben, problemlos integriert werden.
- Alternativ besteht die Möglichkeit, dass jedes Team für sich die Übungen der Offensiv- und Defensivtaktiken nochmals erprobt und in einem anschließenden Spiel gegen ein weiteres Team testet und festigt.

Als Coach das eigene Team unterstützen

Als Beobachter fungieren u. auf Einhaltung der Regeln und Calls achten

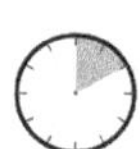

Zwischenreflexion

- Nachdem alle Schüler die Abnahme durchlaufen haben, bietet es sich an, eine kurze Zwischenreflexion durchzuführen.
- Falls in dieser Einheit noch etwas Zeit zu Verfügung steht, erfragen Sie innerhalb des Kurses, woran die einzelnen Teams noch in der Restzeit arbeiten möchten.
- Mögliche Reflexionsimpulse
  - Beurteilt, ob die Taktiken der Offense und Defense sicher beherrscht werden.
  - Erläutert, ob einzelne Wurfarten nochmals kurz geübt werden sollten.
- Stellen Sie den Schülern, je nach ihren Bedürfnissen, die restliche Zeit zu Verfügung.

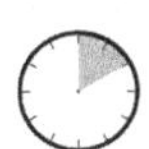

Erarbeitungsphase

- Diese Phase können die einzelnen Teams für ihre Vorbereitung zur nächsten Stunde nutzen.
- Denkbar wäre, dass die Teams in der eigenen Gruppe nochmals die Positionen in der Offensive und Defensive festigen. Ebenso ist es möglich, dass die Teams in Spielen gegeneinander ihre Taktiken erproben.

Abschluss/Reflexion

- Zum Ende der Stunde wird, wie üblich, der Lernerfolg der Stunde reflektiert und zum Thema der nächsten Einheit hinübergeleitet. An dieser Stelle bietet es sich an zu hinterfragen, ob die einzelnen Mannschaften in der Erarbeitungsphase das Ziel erreicht haben, ihre Teamtaktiken weiter zu festigen.
- Mögliche Reflexionsimpulse:
  - Beurteilt, ob ihr im Team nun bereit seid, um euch in der nächsten Einheit im Abschlussturnier mit den anderen Teams zu messen. Begründet eure Ansicht.
  - Falls es noch Probleme gibt: Erläutert bitte, was ihr in der nächsten Einheit im Team ändern müsst, um erfolgreicher spielen zu können.
  - Benennt klare Ziele für euer Team in der nächsten Einheit.

Erwartungshorizont zur Leistungsbewertung

Offense Technik	Leistungsindikatoren		
	hervorragend	**gut – befriedigend**	**mangelhaft**
Passen	◎ korrekte Ausführung aller Wurfarten ◎ gezielte und schnelle Pässe ◎ keine Fehlpässe	◎ gute Ausführung der Rückhand; Vorhand ohne Gegnerdruck ◎ gezielte und schnelle Pässe ◎ selten Fehlpässe	◎ Grundwürfe werden nicht beherrscht ◎ häufige Fehlpässe ◎ häufiges Wegwerfen der Scheibe
Fangen	◎ Beherrschung beider Fangarten ◎ schwierige Pässe (z. B. zu hoch/tief) werden gefangen	◎ Beherrschung beider Fangarten ◎ fast immer wird die Scheibe gefangen	◎ Fangarten werden nicht beherrscht ◎ selbst einfache Pässe werden nicht immer gefangen
Laufen	◎ freie Räume werden erkannt und angelaufen ◎ Cuts und Finten sind oft zu sehen	◎ Cuts werden häufig gelaufen ◎ Position in der Aufstellung wird generell gehalten	◎ keine Verwendung von Cuts, kein Tempo ◎ Position wird nicht gehalten, planloses umherlaufen

Defense Technik	Leistungsindikatoren		
	hervorragend	**gut – befriedigend**	**mangelhaft**
Manndeckung	◎ immer korrekte Stellung als Marker und Verteidiger ◎ Kein Zulassen von Pässen zur geschl. Seite	◎ meistens korrekte Stellung als Marker und Verteidiger ◎ nur selten Pässe zur geschlossenen Seite	◎ falsche Stellung zum Offense-Spieler ◎ die geschlossene Seite wird nicht korrekt abgedeckt
Laufen	◎ der Offense-Spieler ist zu jeder Zeit gedeckt ◎ häufiges Abfangen von Offense-Pässen	◎ sichere Manndeckung ◎ schlechte Offense Pässe werden abgefangen	◎ der Gegenspieler wird aus den Augen verloren ◎ nur zaghaftes Decken des Spielers

Soft Skills: Leistungsindikatoren	
Vorbildlich – Der Schüler …	**Mangelhaft – Der Schüler …**
◎ übernimmt im Team Verantwortung. ◎ wirkt deeskalierend bei Konflikten.	◎ will stets seine Meinung durchsetzen. ◎ zeigt keine Kompromissbereitschaft.
◎ beherrscht die Regeln sicher und klärt bei strittigen Szenen. ◎ verwendet die Calls korrekt. ◎ sorgt auf dem Feld für einen reibungslosen Ablauf des Spiels.	◎ beherrscht die Regeln nicht und sorgt damit im Spiel für Unruhe. ◎ verwendet Calls nicht im richtigen Kontext. ◎ wirkt störend auf das Spiel ein.
◎ ist mit seinem Verhalten ein Beispiel für den „Spirit of the game“.	◎ sucht ständig den eigenen Vorteil und achtet nicht auf ein Fair Play.

6. Doppelstunde: Abschlussturnier zur Leistungsmessung

Ziel/Leitidee:
Anwendung der erlernten Techniken und Taktiken unter Wettkampfbedingungen; Leistungsbewertung
Klassenstufe:
Sekundarstufe II
Vorbereitung/Material:
möglichst viele Frisbees, 8 Hütchen pro Spielfeld, Leibchen, Spielfelder mit Hütchen abstecken, ggf. Mappen der Teams bereitlegen, Zielscheibe und *Advance Organizer* vorbereiten, Turnierplan vorbereiten
Sozialform:
Gruppenarbeit, Reflexionsphasen in Einzelarbeit und im Plenum
Kompetenzbereich:
Bewegungs- und Wahrnehmungskompetenz, Sozialkompetenz, Urteilskompetenz

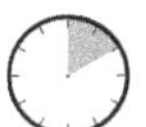

Einführung

- Offener Stundeneinstieg: selbstständiges Passen und Werfen
- Nach der bekannten Art leiten die Schüler selbstständig mithilfe des *Advance Organizer* das Thema der heutigen Stunde her.
- Das beste Team der Klasse soll in dieser Stunde ermittelt werden. Machen Sie die Schüler darauf aufmerksam, dass es gilt, das bisher Gelernte im Spiel gegeneinander abzurufen. Die Schüler präsentieren in dieser Stunde ihre Leistungsprogression.

Erwärmung je nach Zeitkontingent

- Die Schüler erwärmen sich selbstständig in ihren Teams mit dem bekannten Überzahl-Spiel.

Erarbeitungsphase je nach Zeitkontingent

- Für das Abschlussturnier eignen sich je nach Anzahl der Teams unterschiedliche Organisationsformen. So kann bei genügend Zeit beispielsweise im Modus jeder gegen jeden das beste Team ermittelt werden. Größere Spannung erzeugen Sie mit K.O.- und Endspielen. Sollte Ihnen wenig Zeit zu Verfügung stehen, empfiehlt sich von Beginn an ein K.O.-System. (Geeignete Blanko-Turnierpläne finden Sie im Internet)
- Auch wenn es in diesem Turnier darum geht, einen Sieger zu ermitteln: Der Fair-Play Gedanke soll auch hier eine übergeordnete Rolle spielen.
  - Auch in dieser Stunde gilt: Sollte Ihre Klasse Probleme damit haben, selbstständig auf dem Feld die Regeln anzuwenden, können passive Schüler als Beobachter eingesetzt werden, die bei Streitigkeiten deeskalierend eingreifen können.

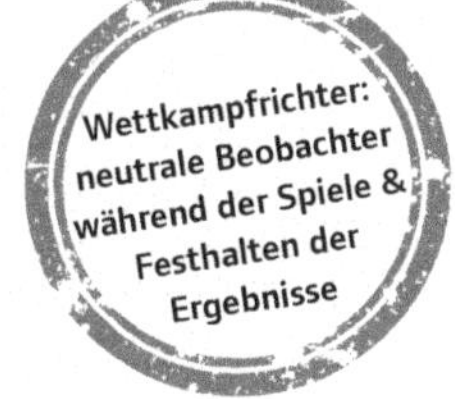

Für Einsteiger und Profis (Differenzierung)

- Passive Schüler können als neutrale Beobachter oder als Coaches ihres Teams eingesetzt werden. Ebenso können sie die Ergebnisse der einzelnen Spiele auf einem Turnierplan festhalten.

Zwischenreflexion

- Je nach Turnierplan kann es dazu kommen, dass einzelne Teams spielfreie Zei-ten erhalten. Diese Zeit kann von den Teams für Taktikbesprechungen oder zur Evaluation der Ultimate-Reihe genutzt werden.
- Die Schüler können die spielfreien Zeiten dazu nutzen, ihre Teamtaktiken zu besprechen und gegebenenfalls zu korrigieren. Am Ende der Reihe sollten Ihre Schüler befähigt sein, dies selbstständig durchzuführen. Falls manche Teams mit dieser Aufgabe überfordert sind, können Sie als Lernbegleiter Denkanstöße und Tipps geben.
- Die Schüler sollten Gelegenheit erhalten, Ihren eigenen Lernfortschritt kritisch zu überprüfen. Dies kann in dieser Reihe auf zwei Arten geschehen:
  - Für einen übersichtlichen Eindruck können Sie eine Zielscheiben-Evaluation durchführen. Auf dieser Zielscheibe kann jeder Schüler individuell mit einem Stift seinen eigenen Lernfortschritt in verschiedenen Bereichen markieren. Auf der folgenden Seite finden Sie eine beispielhafte Zielscheibe. Weitere Kategorien können individuell hinzugefügt werden. Die Anonymität regt einzelne Schüler an, die Fragen ehrlicher zu beantworten; geben Sie den Schülern daher den Raum, die Evaluation ohne die Beobachtung Ihrerseits durchzuführen.
  - Ebenso kann jeder Schüler individuell den Leistungsbogen der vorherigen Stunde erhalten. So wird jeder einzelne dazu aufgefordert, sich mit seiner erbrachten Leistung auseinanderzusetzen. Auf diese Weise können Sie im Nachhinein leicht Ihre Beobachtungen und die Selbstevaluation des Schülers miteinander vergleichen.
- Da die Spiele von den Spielern selbst geleitet und durchgeführt werden, erhalten Sie die Gelegenheit, die einzelnen Spieler genau zu beobachten. Zur Einschätzung der Leistung kann auch an dieser Stelle der Bewertungsbogen (S. 68) der vorherigen Stunde genutzt werden. Auch die Handlungsweisen der Schüler im Spiel sollte in der Leistungsbewertung selbstverständlich Beachtung finden.

Siegerehrung

- Am Ende des Turniers bietet es sich an, die Leistungen der Schüler in einer Siegerehrung zu würdigen. Schaffen Sie dazu den passenden Rahmen, bereiten Sie beispielsweise eine Kleinigkeit für den Turniersieger vor.

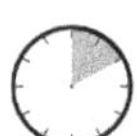

Abschluss/Reflexion

- Sollten die Schüler während des Turniers noch nicht die Möglichkeit erhalten haben, die Unterrichtsreihe und ihren eigenen Lernfortschritt zu evaluieren, sollte dies am Ende der Einheit in jedem Falle geschehen.

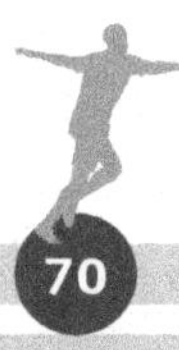

- In einem weiteren Schritt können im Plenum positive und kritische Aspekte der Unterrichtsreihe thematisiert und diskutiert werden. Als Einstieg in diese Reflexion kann zum Beispiel die ausgefüllte Zielscheibe dienen.
- Mögliche Reflexionsimpulse:
  – Beschreibt das Ergebnis der Evaluation.
  – Erläutert, welche Aspekte für euch positiv herauszuheben sind.
  – Erörtert, welche Bereiche der Reihe verbesserungswürdig sind.

Evaluation der Reihe mittels einer Zielscheibe *(Beispiel)*:

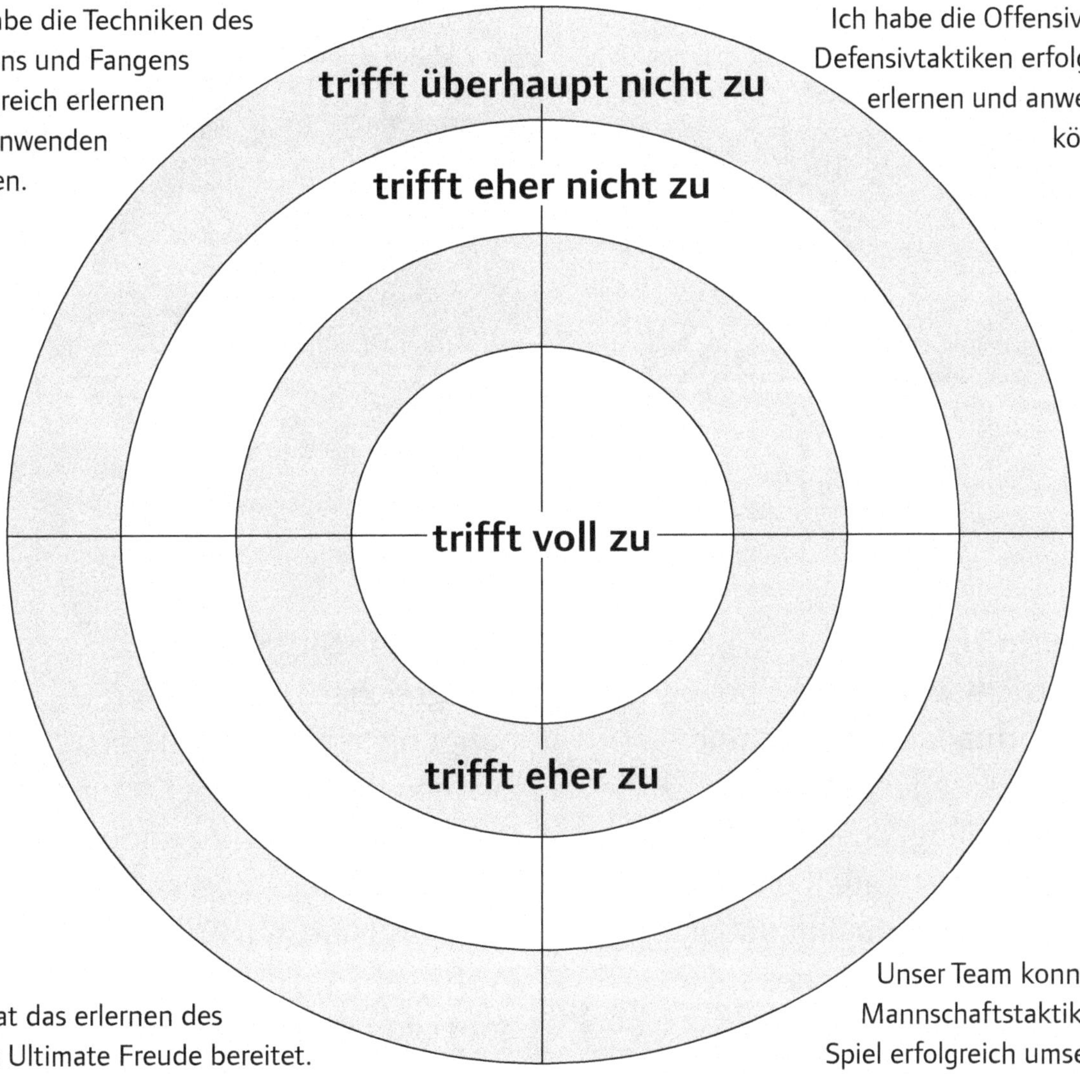

Ich habe die Techniken des Werfens und Fangens erfolgreich erlernen und anwenden können.

Ich habe die Offensiv- und Defensivtaktiken erfolgreich erlernen und anwenden können.

trifft überhaupt nicht zu

trifft eher nicht zu

trifft voll zu

trifft eher zu

Mir hat das erlernen des Spiels Ultimate Freude bereitet.

Unser Team konnte die Mannschaftstaktiken im Spiel erfolgreich umsetzen.